ZHIYE JIAOYU
HANGKONG ZHUANYE GUIHUA JIAOCAI

职业教育航空专业规划教材

航空服务人员形体训练

职业教育航空专业教材编委会　编

主　　编：魏全斌　朱毅盛　刘　忠

执行主编：陈　华　刘　桦

编　　写：朱毅盛　刘　桦　陈　华　李　燕

　　　　　邢　星　邓朝杰　覃　颖

四川教育出版社
·成都·

图书在版编目（CIP）数据

航空服务人员形体训练 / 陈华编 . —成都：四川教育出版社，2014.2（重印）

职业教育航空专业规划教材

ISBN 978-7-5408-5251-1

Ⅰ.①航… Ⅱ.①陈… Ⅲ.①民用航空-乘务人员-形态训练-职业教育-教材 Ⅳ.①F560.9

中国版本图书馆 CIP 数据核字（2010）第 154622 号

策　　划　　侯跃辉
责任编辑　　樊佳林
封面设计　　毕　生
版式设计　　顾求实
责任印制　　吴晓光
出版发行　　四川教育出版社
　　　　　地　　址　　成都市槐树街 2 号
　　　　　邮政编码　　610031
　　　　　网　　址　　www.chuanjiaoshe.com
印　　刷　　四川大学印刷厂
制　　作　　四川胜翔数码印务设计有限公司
版　　次　　2010 年 8 月第 1 版
印　　次　　2014 年 2 月第 3 次印刷
成品规格　　184mm×250mm
印　　张　　6.25
定　　价　　25.00元

如发现印装质量问题，请与本社调换。电话：（028）86259359
营销电话：（028）86259477　邮购电话：（028）86259694
编辑部电话：（028）86259381

编委会

前　言

　　"十五"和"十一五"期间，我国的国民经济保持了持续快速的增长，伴随着产业的重组，我国的民航业也进入了第二个高速发展期，逐步呈现出迅猛发展的趋势。根据中国民航总局的规划，我国民航机队规模将大幅度增长，许多国外航空公司也开辟了中国航线，对中国航空服务人才的需求在不断增大。这些因素都使民航专业人才的需求呈现上升趋势。中国民航迎来了前所未有的发展机遇。但同时，中国民航业也面临着市场经济的严峻挑战和激烈竞争。在硬件技术差距越来越小的航空市场，市场的竞争也不再是单一的价格与技术的竞争，服务的竞争逐渐成为竞争的主要内容。航空服务成为决定航空企业服务质量与经济效益的一个极其重要的因素。只有拥有最完美服务的企业，才是值得客户永远支持的企业。只有让航空乘客满意，航空企业才能获得良好的发展。

　　民航业的快速、多样化发展，对航空服务人才的大量需求，使民航业人才培养的模式也从原来单一依靠民航系统院校培养发展成为多层次的职业学校的培养模式。

　　为了贯彻"以就业为导向、以服务为宗旨"的职业教育办学方针，适应职业院校人才培养和素质教育的需要，同时适应中等职业学校课程设置要求，我们组织了一批在职业教育战线多年从事教学、研究工作的教师和行业的技术骨干编写了这套面向中等职业学校航空服务专业的教材。

　　我们编写的《航空服务人员形体训练》教材，以塑造学生优美的形体和仪态，改善学生的体型、体态、体质为目的，设计、创编和收集了大量的练习，提供了如何塑造形体美的方法。特别是在身体各部位的训练中，根据身体各部位的主要肌肉结构讲述形体训练的各种方法，并附加大量的插图。在教材编写模式方面，尽可能使用图片、实物照片将各个知识点、技能点生动地展示出来，力求给学生营造一个更加直观的认知环境，使学生掌握形体训练的方法并养成自觉锻炼的习惯，从而塑造良好的体态、健美的身材和强健的体魄。同时，也可以针对身体的某一部位、某一块肌肉进行锻炼或对某一体态进行纠正，以达到美化体型、体态的效果。力求培养学生良好的职业素养，具有鉴赏、表现形体美的能力，为今后的工作奠定良好的形体基础和知识基础。

　　本书还通过对健康膳食的研究，探讨了在日常生活中有利于健康和形体美的饮食习惯的养成问题。本书可以作为中等职业学校形体教学与训练的参考教材，同时也是形体训练工作者和热心形体美自我训练者的实用指南。

　　本书由朱毅盛担任主编，陈华担任副主编。参加编写的有陈华、刘桦、李燕、邢星、邓朝杰、覃颖等老师。在该书的编写过程中得到成都航空旅游职业学校、成都市蜀兴职业中学、成都双流职业教育中心的大力支持。在此，谨向给予本书支持和帮助的同仁致以衷心的感谢。在编写的过程中，我们参考、采纳了国内外专家、学者的多种论文和专著，在此一一表示我们的谢意。由于编写时间仓促，我们在参考引用某些文献时未能征得原作者的同意，原作者见书后，请与我们联系，以便我们寄奉稿酬或样书，并在重版时对书稿相关事项予以弥补。

编者

2010 年 8 月

目　录

第一章　绪　论

随着社会的发展和生活水平的不断提高，人们在乘坐飞机的同时，对航空服务的要求也更多元、更细、更高。航空公司要实现持续赢利，旅客能否再次迈进舱门，服务将是其重要砝码之一。

航空服务人员优美的姿态和洒脱的动作，既符合人体解剖学和生理学规律，又给人以美的印象，可以让客户真切体验到万米高空上的一道风景线。从古至今，美的风貌和仪态被视为人的自我完善不可少的部分，现代教育学家明确提出："以美辅德，以美陶情，以美益智，以美健体。"车尔尼雪夫曾说过一句名言："美是生活。"当今社会，工作日趋紧张，竞争日益激烈，健康的形体可以帮助我们在竞争中能保持一定的实力和自信，在事业上不断获得成功。

第一节　形体训练概述

形体训练目前比较典型的定义有两种，即狭义的和广义的。狭义的形体训练被定义为形体美训练。广义的形体训练认为，只要是有形体动作的训练就可以叫做形体训练，甚至某些服务行业的程式化动作，比如迎宾、端菜、送菜、礼仪姿势等，也被称为形体训练。

我们认为用形体美训练来定义形体训练比较确切，这也符合我们形体训练者的意愿。同学们花费大量的时间、金钱和体力进行训练，绝不仅仅是为了活动一下身体，娱乐和游戏更在其次，对自身体态美的塑造才是最终目的，具有强烈的目的性。

形体训练是以人体科学理论为基础的，通过徒手或利用各种器械，运用专门的动作方式和方法，以改变人的形体的原始状态、提高灵活性、增强可塑性为目的的形体素质基本练习。同时也是提高人的形体表现力为目的的形体技巧训练。可塑造人们优美的体态，培养高雅的气质，纠正生活中不正确的姿态，可以说它是所有运动项目的基础。

一、形体训练对学生的身心健康发展起到的促进作用

学生正处于身心迅速发育成长的时期，这种迅速的发育成长使身心状态表现出极大的可塑性。形体训练配有音乐，包括大量的身体动作，并要求集体的协同合作，这些都

有利于学生时间知觉、空间知觉、运动知觉、注意力、表现力、模仿能力等心理过程的发展，也有助于培养学生的集体观念及对音乐、舞蹈和体操活动的兴趣。良好的身体素质为学生心理的正常发展提供了物质基础。在形体训练过程中，学生各种各样的心理活动过程的产生，有利于学生心理能力的发展。学生心理能力全面起动又带动学生体、智、德、美的全面发展。

1. 形体训练能促进学生神经系统和大脑功能的优化

形体训练，是外环境对机体的一种刺激。这种刺激具有连续、协调、速度、力量的特点，使肌体处于一种运动状态。这种状态下中枢神经将随时动员各器官及系统配合肌体的工作。经常参加形体训练，能使神经活动得到相应的提高。形体训练时，脑和脊髓及周围神经要建立迅速而准确的应答式反应，而脑又要随时纠正错误动作，储存精细动作的信息。经过经常、反复不断的刺激，能提高人的理解能力、思维能力和记忆能力，从而使大脑更加聪明。所以说，经常参加形体训练，可以加强肌体神经系统的功能和大脑的工作能力，使之更加健康和聪明。

2. 形体训练能提高学生心血管系统的功能

心血管系统是由心脏与各类血管组成的，并以心脏为动力的闭锁管道系统，也就是人们常说的血液循环系统。形体训练主要由运动系统即骨骼与肌肉运动参与完成。人体在处于安静状态时，平均心率为75次/分，而心脏的每搏血液输出量大约为50~70毫升，每分钟输出量约为4.5升左右。在强烈的肌肉运动时，可以达到安静时的5~7倍，这就势必使心肌处于激烈收缩的状态。经常的刺激会使心肌纤维增粗，心房、心室壁增厚，心脏体积增大，血溶量增多，从而增加心脏的力量。由于心肌力量的增加，每搏射出的血量增多，心跳的次数相应减少，在平时较为安静的状态下，心脏能够得到较长时间的休息，从而减轻心脏的工作负担，使心脏永葆青春。

小资料

对没有训练基础的人：220次/分－年龄＝最高极限心率

对有训练基础的人：220次/分－年龄/2＝最高极限心率

健身的适宜心率范围：

最大心率×（65%~85%）（美国健身研究会推荐的健身指标区）

最大心率×（60%~75%）（美国心脏学会推荐的健身指标区）

最大心率×（60%~75%）（美国运动医学院推荐的健身指标区）

3. 形体训练有利于启发学生的求知欲，有利于学生个性特征向良好的方面发展

形体训练内容丰富、形式多样，能激发学生的兴趣，进而启发学生的"求知欲"。学生对形体训练的动作产生浓厚的兴趣，便会积极地投入，努力地去追求。学生形体训练实践使我们感到，学生的聪明智慧、品德行为、个性特征等方面的心理发展水平要在活动中展现，在活动中得到发展。形体训练动作的一致性、准确性、协调性、稳定性和

灵活性不断增强的过程，也是学生聪明智慧的提高过程。形体训练增强了学生的集体主义精神和为集体争荣誉不甘落后的思想，克服了以自我为中心的毛病，增强了群体意识，培养了积极进取的精神，这对于学生个性的发展是有积极作用的。

二、形体训练可以塑造空乘行业需要的完美的外在素质，促进自身和谐发展

在青春发育期，人体对环境因素的敏感性较强，是塑造体形的最佳时期。形体训练动作形式多，锻炼部位广泛。通过各种臂的摆动、绕环、波浪组合、姿态组合、腰腿的柔韧性组合、舞蹈组合、体育舞蹈练习可以形成正确的身体姿态，并能发展身体的柔韧性和协调性。健康的形体美，仅有健康美和静态美是不够的。从形体训练追求层次上看，动态美和整体协调美更显人的气质和魅力。动作美是形体美的一种表现形式，姿态美是通过动作表现出来，而动作美在完成动作时应显示出姿态美。在形体训练动态美练习中强调步态、姿势、表情等形体语言，强调动作的节奏感和优美感。通过科学的形体训练，可以改变和改善不良体型，达到肌肉匀称、比例协调、举止和谐、姿势优美、气质高雅，可以说形体训练是一种特殊的人体雕塑艺术。

三、形体训练可以塑造良好个人形象，提高自身职业素质

形象是当今社会的核心概念之一，人们对形象的依赖已经成为一种生存状态。个人形象指的主要是容貌、魅力、风度、气质、化妆、服饰等直观的包括天生的外表感觉的东西，这是一种值得开发、利用的资源。个人的个性特质通过形象表达，并且容易形成令人难忘的第一印象。第一印象在个人求职、社交活动中会起到非常关键的作用。我们今天的学生是未来空乘服务职场的主要力量，社会对他们提出的要求会更高。通过形体训练获得今后职业所需的悦目的仪表和得体的举止，具有应变各种工作和生活环境的能力，在激烈的职业竞争中立于不败之地。

同学们通过形体课程的训练，无论是外在的表现，还是内在的气质都会提高许多。通过形体课上的训练，学生们有意识地改掉了一些生活中习惯了的不正确的姿态，慢慢发现被解放后的肢体更具有表现力了。形体动作的错综复杂和多种多样，使他们在肢体上找到了平稳、宽广、优美的姿态，同时也让学生们增长了信念，对于今后的求职就业大有帮助。

第二节　形体训练的基本内容和要求

形体训练不仅利用芭蕾、舞蹈、体操舒展的动作训练人体的优雅姿态，而且也传播了高雅的艺术精髓，培养了较好的内涵修养，有助于提高练习者的气质和高雅风度。内容包括：基本站立姿势，手位脚位练习，脚步动作舞蹈组合练习以及把杆和垫上一系列的基本功练习。主要练习正确的立、坐、卧和走、跑及头面部的姿态和表现，使同学们的外在表现和内在修养，形体之美与精神之美和谐统一。

一、形体训练的基本内容

1. 基本姿态练习

人的基本姿态是指坐、立、行、卧。当这些基本姿态呈现在人们眼前时会给人一种感觉，如：身体形态所显示的端庄、挺拔与高雅，给人的印象是赏心悦目的美感（包括日常活动的全部）。由于一个人的姿态具有较强的可塑性，也具有一定的稳定性，通过一定的训练，可以改变诸多不良体态，如斜肩、含胸、松垮、行走时屈膝晃体、步伐拖沓等。

2. 基本素质训练

形体基本素质练习是形体训练的最重要内容之一，在练习中可采用单人练习和双人配合练习两种形式。通过大量的练习，可对人体的肩、胸、腰、腹、腿等部位进行训练，以提高人体的支撑能力和柔韧性，为塑造良好的人体形态，改善形体的控制力打下良好的基础。形体基本功练习的内容较多，在训练时，应本着从易到难、从简单到复杂的原则；同时也要注意自己和配合者的承受能力，不能超负荷，以免发生伤害事故。

3. 基本形态控制练习

基本形态控制练习是对练习者身体形态进行系统训练的专门练习，是提高和改善人体形态控制能力的重要内容。练习者通过徒手、把杆、双人姿态等大量动作的训练，进一步改变身体形态的原始状态，逐步形成正确的站姿、坐姿、走姿，提高形体动作的灵活性。这部分练习比较简单，个别动作要求比较严格，训练必须从严要求，持之以恒。

4. 身体矫正训练

日常生活中，有些同学往往忽视形体训练，因此经常出现身体不正、弓背含胸、端肩缩脖、双腿弯曲等不健康的体态。其实每个人的形体都有自己独特的魅力，怎样去发掘我们形体独特的长处，弥补我们的短处？形体训练可以真正改变臀部下垂、身体赘肉肥胖、腰粗壮、O型腿、X型腿、斜肩、驼背、脖子短、腿短、身高不够等不足。通过形体训练，从实际出发有针对性地练习一段时间，就会练出一个健美的形体姿态。

另外，人的头面部姿态是表达人类丰富情感的重要方式，通过形体训练，可以充实头面部姿势和神态的美。人的形象美需要外在表现和内在修养的和谐统一，健美的体形、端正的姿态还能反映一个人的精神面貌和气质。

二、形体训练的基本要求

1. 训练前必须做好准备活动。
2. 训练时要穿有弹性的紧身服装或宽松的休闲服、体操鞋、舞蹈鞋、健身鞋。
3. 训练时不能佩戴饰物，以免发生伤害事故。
4. 训练要有计划有步骤，循序渐进，切忌忽冷忽热、断断续续。要持之以恒，力求系统掌握形体训练的有关知识和方法。

5. 要保持训练场的整洁和安静。

6. 在做器械练习时，要有专人指导和帮助，特别是联合器械的运用，要注意训练的安全。

7. 在训练中和训练后要注意补充适当的水分，同时要注意饮食营养的合理搭配。

第三节　形体美的内容和标准

在现实生活中，我们每个人的形体都各不相同。有的人的形体被人们普遍认为美，有的人的形体被人们普遍认为不美，有的人的形体被部分人认为美而被另一部分人认为不美，有的人的形体过去被人们认为美而现在被人们认为不美。在追求形体美的文化实践中，不同地区和不同时代的人们创造出了许多相同的形体文化，也创造出了许多不相同的形体文化。形体文化始终对人们的社会生活产生着非常重要的影响。

一、形体美的内容

基于对现代人体健康及人体美所做的深刻分析，可以说现代人正在追求五个层次的形体美，即：健康、静态美（外形、肢体围度、脂肪百分比、皮肤护理等）、动态美（姿势、表情、动作等）、气质美和整体美（包括自身和服饰、发型、化妆的协调配合）。所有这些，只有通过持之以恒的形体训练及合理的营养补充、休息才可造就。

1. 形体美

是指人的体形匀称而协调。形体美，脊柱是关键，挺拔的体形、优美的曲线，人体的各种基本姿态都以脊柱为基础。形体训练可促进脊柱、胸廓和骨盆等支持器官发育更加完善，为塑造健美体型创造条件。此外，通过形体训练能使站、坐、走更加有型，坐如钟、站如松、行如风，形成高雅大方的体态。

女子体形美的主要特点就是线条美，具有优美线条的女子体型是在人类漫长的进化中形成的高度完善的结果；而体型的美与丑又和骨骼的形态有着重要的关系。塑造体型美主要是控制体重，使身体各部位多余脂肪得以消除，同时适当地增长肌肉，使身体的各个部位更协调、匀称。经常不断地进行形体训练既是对体型又是对体姿的锻炼，还可以保持良好和优美的体型。

2. 姿态美

是指身体形态方面的美。它包括坐、立、行的人体姿态。姿态美包括动态美和静态美两种。动态美体现在走、跑、跳等基本活动中表现出各种各样的姿态。这些姿态如能沿着正确的运动轨迹进行，将显示出舒展大方的姿态美。静态美则体现在坐、立、躺等静态中所表现出的各种姿态。

3. 肌肉美

肌肉是附着在骨骼上皮肤下的组织，它包括颈、胸、背、臂、腰、臀、腿等部位的肌肉。各部位肌肉的和谐运动可给人以美感。身体的形态美不美与肌肉是否均衡、丰满、富有弹性和柔韧性关系密切。所以，肌肉美在形体美中也是非常重要和关键的。

因此，形体训练要以身体练习为基本手段，匀称和谐地发展人体，塑造体型，培养正确优美的姿态和动作，增强体质，促进人体形态更加完美。所以通过艺术体操项目中最基本形体训练来塑造形体美、姿态美、肌肉美是必不可少的保持体形的方法。

二、形体美的标准

1. 我国现代人体美的标准

我国体育美学权威人士综合古今中外一些美学家和艺术家对人体美的见解，根据中国人的实际情况，提出的人体美标准包含如下一些内容：肌肉强健协调，富有弹性；骨骼发育正常，关节无明显粗大、凸出，脊柱正视成直线，侧视具有正常的体型曲线，肩胛骨无翼状隆起和上翻的感觉；五官端正，且与头部搭配协调，肌肉均匀发达，皮下脂肪厚薄适当；胸廓隆起，正面与背面略呈"V"形，男性胸廓宽，肌肉结实；女性乳房浑圆，丰满不下垂，侧视有明显曲线；双肩对称、健壮，微显下削，无垂肩之感；腰细而结实，微呈圆柱形，腹部扁平，男性有腹肌垒块隐现；臀部浑圆适度，球形上收；腿部修长，线条柔和，小腿腓肠肌稍微凸出，足弓高；整体观望无粗笨、虚胖或过分纤细的感觉，重心平衡，比例协调。

小资料

全身肌肉约600余块，其重量约占体重的40%。健美的形体、健壮的体魄和发达的肌肉密切相关。发达的颈肌及胸锁乳突肌，能使人的颈部挺直，强壮有力；发达的胸大肌（含胸小肌）使人的胸部变得坚实、健美；发达的肱二头肌和肱三头肌，使人的上肢线条鲜明、粗壮有力；发达的三角肌，能使肩膀变得宽阔起来，再加上发达的背阔肌，就会使人体呈美丽的"V"形。骶棘肌是脊柱两侧的最长肌肉，它的发达能固定脊柱，使人的上体挺直；发达的腹肌有利于缩小人的腰围；发达的臀肌和有力的下肢肌（股四头肌、股二头肌、小腿三头肌）能固定人的下肢，支持全身，构成健美的曲线。总之，发达而有弹性的肌肉是力量的源泉，是美的象征。

2. 身高与体重的比例标准

身高和体重是显示人体美的重要因素之一，也是评价身体发育、健康、营养和形体健美的重要指标。体重和身高都受遗传、种族、生活环境等因素的影响。体重和身高的比例能反映出一个民族的身体素质和健美情况，关于身高和体重的比例标准，可以由后面介绍的标准体重的测量公式来判定。

根据身高和体重的比例关系，可以将人分为瘦小型、瘦高型、高大型、中等型、健壮型及肥胖型。无论身材高大还是矮小，只要符合身高与体重比例者便是谐调的，就能给人以美感。

肥胖女生，首先进行健美操训练的强度不宜过大，每分钟心率不应超过160次。否则，氧供应不充足，体内由脂肪供能会转向由糖供能，就会达不到减肥的目的。其次健美锻炼的时间也不宜太短，每次要连续1小时以上。减脂的运动一般以低强度、长时间为好。要坚持每天以有氧健美操为主锻炼。避免单纯追求减体重，而任意加大运动量。据观察体重缓慢下降是比较容易巩固的，加速减体重，则易反弹又易打乱人体新陈代谢，一般来说，以每周减体重0.5千克~1千克为宜。

小资料

一般认为，女性的标准体重为：身高（厘米）–110或者105=标准体重（千克）。例如，一个身高160厘米的女子，她的标准体重应该是：160（厘米）–110或者105=50至55（千克）。凡是超过标准体重的10%为过重，超过标准体重的20%为肥胖。肥胖还可分为单纯性和继发性两种，继发性属于病理状态，在这里我们只分析单纯性肥胖，其产生的原因除家族遗传因素外，往往与个人的饮食习惯和生活习惯密切相关。人如果吃的量过多或活动量过少，身体吸收的热量大于消耗的热量则会发胖。而懒惰是青春期产生的一个特点，加之思想松懈，学习任务相对轻松，休闲时间相对充足，对女生来说很少主动进行锻炼，有时没有课，一睡就是一个下午。过多的睡眠促使过多的营养储备，难以消化造成体重上升而导致发胖。

小资料

体型有不同分类，我们以脂肪所占的比例，以肌肉的发达程度，参照肩宽和臀围的比例作为划分体型的条件，把体型分成胖型、肌型（或运动型）和瘦型三类。

胖型：其特点是上（肩宽、胸围）下（腰围、臀围）一般粗，躯干像个"圆水桶"，腰围很大。腰两侧下垂，腹部松软脂肪很厚、肚脐很深，胸部的脂肪多而下坠，颈部短而粗，体重往往超过标准体重的30%~50%。

肌型（运动型）：其特点是肩宽、背阔、腰细、臀小且上翘，上体呈"V"形，腹壁肌肉垒块明显、四肢匀称、肌肉发达、无双下巴、颈部强壮有力，体重不超过标准体重的±5%。

瘦型：其特点与胖型相反。上下都细、肩窄、平胸、腰细四肢细长、脂肪极少、肌肉消瘦，胸腹部可见肋骨，背部可见肩胛骨，体重小于标准体重的25%~35%。

女性和男性在体型分类上大体相同，但由于女性有其自身的特点，强调身体比例匀称，线条流畅，整个体型呈曲线形。如女性的骨盆通常比男性要大，所以，躯干一般呈上小、下大的正三角形。女性的脂肪普遍比男性多5%左右，而肌肉发达程度及肌力只能达到同级男性的75%~80%。因此，女性肌型（运动型）体型的特点是躯干呈三角形（少数为倒三角形），四肢匀称、肌肉圆滑、胸部丰满、腰细臀圆、颈长腹平。从侧面观运动型的女性的胸、腰、臀富于曲线美。

胖型的女性躯干多为上下一般粗（或上小下大）的水桶型，胸厚、腰粗、臀部大而宽、腹壁脂肪厚，即使仰卧在床上，腹部隆起高度仍超过胸高，颈部普遍短粗，四肢多为上粗下细。

瘦型的女性和胖型相反，胸部扁平、四肢干瘦、不丰满、无线条。

3. 黄金比例

符合审美的比例就是黄金分割比例。通过研究断臂维纳斯发现，其形体完全是根据黄金分割比例来塑造的，她的各种测量数据均符合黄金分割率。

体质人类学家和美学家通过研究发现，凡是健美的人体均包含丰富的黄金分割点，才形成匀称的体型、和谐的五官以及协调的步履。美的人体就是黄金分割点的聚合体。我国医学美学家对人体美的黄金分割进行研究后发现，容貌和体形健美的人，其形体结构包含有18个黄金分割点、3个黄金三角、15个黄金矩形和6个黄金指数。

小资料

1. 以肚脐为界，肚脐到头顶与肚脐到脚跟的比例应是5:8（接近黄金分割）。

2. 身体的中点应在耻骨联合处。

3. 平伸双臂，两中指指尖之间的距离应等于身高。

4. 头高应等于身高的1/8。

5. 乳头与肩胛骨应在同一水平线上。

6. 大腿正面的宽度应等于脸宽。

7. 跪下的高度应等于身高的3/4。

8. 颈围应等于小腿围。

9. 肩宽应等于身高的1/4减4厘米。

10. 胸围应等于身高的1/2。

11. 腰围应等于胸围减20厘米。

12. 臀围应等于胸围加4厘米。

13. 大腿围应等于腰围减10厘米。

14. 小腿围应等于大腿围减20厘米。

15. 足颈围应等于小腿围减10厘米。

16. 大臂围应等于1/2大腿围。

17. 前臂围应等于大臂围减5厘米。

18. 手腕围应等于前臂围减5厘米。

第四节　影响形体美的因素和科学基础

一、影响形体美的因素

1. 遗传因素

遗传是子代从亲代那里继承下来的形态和机能上相对稳定的特征。遗传为后天的发展创造条件，提供物质基础。但后天环境对形体的健康发展起着重要的作用。

2. 环境因素

环境是指生存的条件。包括自然条件、生活条件和工作条件以及所处地域的气候、温差等等。环境因素对形体起着潜移默化的作用。

3. 心理因素

心理因素对形体美也有很大的影响。人的精神状态、气质类型、决定了人的性格，而性格对于心理因素来讲，也占有很重要的地位。形体美是通过形体的表现力来实现的，没有良好的心理素质，也就无法适时地展现形体美的风采。稳定的心理素质是通过平时的训练获得的。因此，练习者在塑造完美形体的同时，还应重视心理因素的训练，以期取得更大的效果。

　　4. 科学的形体训练

　　科学的形体训练，就是根据一定的科学原理、客观标准，并根据科学的规律，选择一些适合自己实际的训练内容、手段和方法，长期、系统、有目的、有针对性地进行形体训练，从而达到塑造完美形体的目的。

　　5. 营养因素

　　营养是影响形体美的重要因素。一个好的形体不是天生就有的，而是需要经过后天的训练才能得到的。如果人体没有合理充分的营养，就不能保证其正常的生长发育；人体不能及时地补充营养，也就无法补充由于训练所造成的能量消耗，形体训练效果也就无从谈起。一个好的形体，必须有科学合理的营养补充，只有在此基础之上的形体训练才能得到良好的效果。

二、形体训练的科学基础

　　形体训练是一门科学，要想通过形体训练来增强体质，增进健康，从而获得一个健美的体型和强壮的体格，首先必须了解人体肌肉的生理解剖知识，懂得人体肌肉的合理结构、功能和特性。这样，才能更好地掌握形体训练的方法，为更好地安排训练内容打下基础。

　　形体训练多是静力性活动和控制能力的练习，它的肌肉用力特点偏重于等长收缩，也就是说通过肌肉的紧张和收缩，使身体固定于某种姿势上不动。多为周期性练习和非周期性练习相结合。周期性练习指的是形体练习动作比较简单，按一定顺序多次重复，连贯进行；非周期性练习指的是形体训练中有些动作比较复杂，没有明显的连贯性，每个动作可以单独完成。人体的运动系统是由骨、骨连结（关节）、和肌肉构成，它们约占体重的58%。骨与骨连结构成人体的杠杆系统——骨骼。肌肉附着在骨架上。运动系统的主要功能就是使人体运动，这种运动是以骨为杠杆、关节为枢纽、肌肉为动力来实现的。

　　1. 骨骼

　　骨骼是人体肌肉和脏器等的支架，它赋予人体一定的外形。人体骨骼包括颅骨、躯干骨、上肢骨、下肢骨共206块，其中躯干骨、上肢骨和下肢骨及其骨连结是决定体型最主要的因素，它关系到人体各部位的比例。骨骼发育完好，比例得当，是体型美的基础。美学中关于人体比例的观点，即以人的头部的长度为尺度来衡量全身，认为标准人体的比例为：身高等于7.5~8个头的长度，下颌到胸下线为1个头的长度，再至股骨头为1.5个头的长度，从股骨头到脚部为4个头的长度。这些比例主要由骨骼的长度决定。

　　形体训练能促进骨骼的正常生长发育。骨的生长包括骨的长长和骨的长粗。长骨主要为四肢骨，大都呈管状，中部为骨干，两端的膨大为骨骺。长骨的长长依靠软骨的成骨过程（软骨内演变成骨），长骨的长粗主要依靠膜内成骨过程（胚性结缔组织演变成骨）。

2. 肌肉

人体的肌肉分为骨骼肌、平滑肌和心肌共有600多块。骨骼肌附在骨骼上，它的收缩牵动骨骼、关节，从而产生各种运动。骨骼肌肉分布广泛，约434块，成年人的骨骼肌占人体体重的40%（女性35%）左右，是人体最多的一种组织。骨骼肌的活动产生了人的坐、立、走、跑以及喜、怒、哀、乐等各种表情和各种各样的运动。

组成肌肉的基本单位是肌纤维，每条肌纤维呈圆柱状，许多肌纤维排列成束，许多肌束聚集在一起构成一块肌肉，每块肌肉中间部分叫肌腹，两端为肌腱。根据肌肉收缩机能，可分成"慢肌"和"快肌"两种，慢肌主要决定肌肉的耐力，快肌主要决定肌肉的爆发力。慢肌多的人，体型较纤细苗条，快肌多的人，体型显得健壮。

肌肉在受到刺激时产生兴奋，当兴奋达到一定阈值时，肌肉就收缩。形体训练能促进骨骼肌的正常发育，使全身肌肉及其肌力分布均匀。肌肉分布匀称是决定人体体型的重要因素之一。

3. 形体基本素质

形体训练多是静力性活动和控制力的练习。所以形体基本素质概括为力量、柔软性、控制能力、人体的协调性、灵活性和耐力。最重要的是力量和柔软素质，它们的好坏直接影响到形体的控制力和表现力。

（1）力量

力量是指肌肉收缩或紧张时所表现出来的身体或身体某部位用力的能力。力量好的练习者，练习时动作速度快，身体控制力强，容易掌握较难动作，并且能保持良好的身体形态。力量差的练习者，腿不易伸直，身体控制力差，不能稳健地完成动作，不易确立和保持良好的身体形态。

要想训练好站立形态，必须要加强腿部和膝关节的支撑力量以及立腰的能力和腹部肌肉收缩的力量。

（2）柔软性

柔软性通常称为"柔软度"。柔软性是由人体各个关节的运动幅度大小所决定的。影响柔软性有三个因素：一是骨结构。构成关节的关节面之间的面积差大，关节的灵活性就大，反之，关节的灵活性就小；二是关节周围关节囊的紧密程度和韧带数量的多少，紧和多者柔韧性相对差些；三是关节周围的肌肉和软组织的体积大者柔韧性较差些。第一个因素主要是先天形成的，不易改变。第二和第三个因素可以通过形体基本功的训练获得改进。

第五节　航空服务类从业人员形体美的职业要求

无论是从事地勤还是空乘的工作，航空类从业人员的体型和仪态表现，都具有十分重要的意义。一方面，形体美不仅能使宾客产生良好的第一印象；另一方面，又与服务操作有着密切的关系，从而直接影响企业的形象。

　　形体训练以身体练习为基本手段，匀称和谐地发展人体，增强体质，促进人体形态更加健美的一种体育活动。可根据学生的实际情况选择不同的运动时间来进行，通过基本动作练习和强度不同的成套动作练习，对身体各关节、韧带、各主要肌群和内脏器官施加合理的运动负荷，对心血管功能、柔韧性、协调性、力量及耐力素质等的提高有十分显著的作用。例如：采用压，拉肩，下桥，体前、侧、后屈，压、踢、控腿等练习来发展学生的柔韧性。采用舞蹈、徒手及成套动作练习锻炼大脑支配身体部位同步运动的能力，体会各部位肌肉运动时的不同感觉，来达到发展学生的协调性。采用健身操中的仰卧起坐、快速高踢腿、跳步等来发展学生的力量和弹跳力的素质，提高动作的速度和力度，采用跑跳操等练习来提高耐力素质。从而增强体能，提高人体的防御能力，使生命力更旺盛、精力更充沛，保持高效率地工作和学习。

小资料

　　根据工作的需要，结合我国的民族体型特点，提出了空乘服务人员体型美的十大要素：

　　1. 建议身高：女性160厘米~172厘米，下身长应超过上身长2厘米以上。男性170厘米~182厘米。建议体重：30岁以上体重/kg= [身高/厘米−110] 至 [身高/厘米−105]

　　2. 男、女裸查视力均在5.0以上。

　　3. 男、女脸型端正；五官匀称；口唇平正；牙齿整齐、洁白，鼻梁饱满，鼻尖不勾；鼻长是脸长的三分之一；两眼间隔距离等于一只眼睛的长度，双目有神，不斜视不对视。

　　4. 女双肩对称，稍有后振，形态自然。男肩峰略上翘；女肩峰圆滑，微显下削，无笨、垂肩。

　　5. 男、女胸部自然挺拔。男胸宽厚，女胸丰满而不下垂。

　　6. 男双肩与腰呈"V"形；女腰细有力，略呈圆柱形，腹部扁平。

　　7. 男、女臀部圆满适度，不显下坠。

　　8. 男、女手臂无疤痕，手指灵活，腕关节不显得粗大突出。

　　9. 男、女正立时：脚跟、臀部、背部三点成直线，侧视具有正常的生理曲线；以肚脐为割点，下身长于上身；两膝靠拢，无"O"型腿，大腿线条柔和，小腿修长，腓肠肌稍突出。

　　10. 男、女仪表端庄，举止大方，不卑不亢，性格爽朗，气质优良。

第二章 形体基础训练

形体基本素质练习是形体训练的最重要的内容之一。通过各种练习，对人体的肩、胸、腰、腹、腿等身体各部位进行强化训练，可以加强腿部支撑人体站立、立腰、立背的力量以及身体各部位的柔韧性，为塑造良好的人体外形形态，改善形体的控制力打下良好的基础。

第一节　柔韧训练

看一看

> 北京奥运颁奖小姐选拔要求严格，身高168厘米左右，五官端正、身材良好，健康状况和体能等各方面都要符合要求。尤其是体能，因为在礼仪服务的过程中，可能需要长时间地站立和服务。她们的体能训练包括：腿部力量训练、柔韧性训练、压腿、踢腿、腹背肌力量训练等，以增强腿部力和体力。

柔韧性是指关节的活动范围有多大。一个柔韧性好的人，身体姿势看起来放松、自然，走起路来步子大，运动起来也游刃有余。柔韧性好是身体姿势正确的前提，如果脖子前面的肌肉紧张，你的头就会往前低，胸部和肩部的肌肉紧张，你的双肩就会往前拉，形成窝胸。如果你的腰和大腿后部肌肉紧张，你的脊柱形态会改变，而腰椎病就离你不远了。

力量训练专家，加拿大安大略省约克大学的博蒙巴博士把柔韧性列为三大力量训练准则的第一条。通过柔韧训练，可以增强韧带和肌肉的伸展能力，加大关节活动范围，增强身体的柔韧性。良好的柔韧性是正确掌握动作要领和达到动作要求的重要条件。

小资料

一、肩部柔韧性练习法

1. 压肩

方法一：双腿开腿直立，身体前屈，双手直臂前伸扶在同髋高的固定物上（把杆或肋木），埋头挺胸，上身前倒，双臂放松，同时上身上下振动。也可两人面对面而立，双手相互搭肩，身体姿态及训练方法同上。必要时教师可以帮助压肩。（如图2-1）

训练量：建议20次/3组。

图2-1

方法二：练习者体前屈，双腿开腿直立，两臂后交叉握，向上振动。（如图2-2）

训练量：建议20次/3组。

图2-2   图2-3

2. 拉肩

方法一：背对肋木站立，双臂上举，两手握肋木，抬头挺胸向前拉肩。要求胸部前挺，两肩放松。（如图2-3）

训练量：建议15次/2组。

3. 吊肩

方法一：适当高度的单杠及双杠反吊悬垂。要求开始可以悬吊不动，然后可以适当地加以摆动，双肩放松。（如图2-4）

训练量：建议30秒~60秒/3组。

图2-4   图2-5

4. 转肩

方法一：单杠双臂悬垂，双腿由两臂间穿过后，落地成后悬垂，而后双腿反穿回来落地成正悬垂。要求悬垂时双肩放松。（如图2-5）

训练量：建议15次/3组。

方法二：利用竹竿或绳子做转肩练习，双臂直臂握器械，由前往后，再由后往前做转肩练习，训练时根据训练者自身柔韧度调整两手之间的握距。要求两肩同时旋转，双肩放松。（如图2-6）

训练量：建议20次/3组。

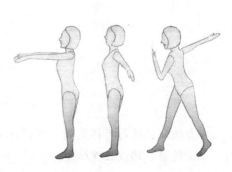

图2-6

小资料

拉伸运动是增强柔韧性的好方法，进行伸展练习前至少热身5~10分钟，预热肌肉和结缔组织，使伸展练习更容易、更安全。在进行高强度运动前，必须进行伸展练习。

同其他训练一样，动作规范很重要。在每一个伸展练习中应注意调节肢体运动，以达到最佳效果。

做伸展练习时，动作要缓慢柔和，不要急速运动，以免把过大的压力加在结缔组织上，使肌肉和韧带没有足够的时间去适应。应保持拉伸状态15~30秒钟。

重复每个伸展练习3~4次。每一组目标肌肉应感觉紧张，但仍然舒适，尽量在随后的几组中实现更大程度的松弛，以便更好地伸展。

决不要达到痛疼点，如感觉痛疼就应退让一点。伸展练习不应令人痛疼。

做伸展练习时不要屏住呼吸，拉伸时呼气，返回时吸气，始终保持缓慢和深长的呼吸。

训练前和组间进行伸展练习有助于扩大动作范围和避免受伤，训练后伸展练习能促进恢复、减少痛疼。

如果以前从未进行过伸展练习，你可能无法做到完全伸展。训练一段时间后，柔韧性就会得到改善。尽量在每个训练日都进行伸展练习。

初学者在伸展练习后第二天可能有疼痛感，不必担心，过1~2天疼痛就会消失。

二、胸部柔韧练习法

1. 仰卧背屈伸。可自己独立做，也可一人压腿。要求主动抬上体，挺胸。

2. 虎伸腰。跪立，手背前放于地上，腰向下压。要求主动伸臂，挺胸下压。

3. 面对墙站立，两臂上举扶墙，抬头挺胸。要求尽量让胸贴墙，幅度由小到大。

4. 背对鞍马站立，身体后仰，两手握环使胸挺出。要求充分伸臂，顶背拉肩，挺胸。

5. 胸部柔韧组合

（1）强力快速挺胸，含胸练习2个8拍（如图2-7）

预备：正步直走，两臂垂于体侧。

第一，挺胸。

第二，含胸。

注意：做强力挺胸、含胸时，发力要迅猛，整个胸部挺含到最大极限。

（2）扩胸练习2个8拍（如图2-8）

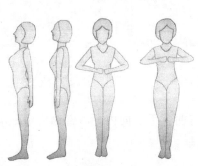   

图2-7　　　　　　　　　　　　图2-8

预备：两臂胸前平屈，两手握拳，拳心向下。

第一，拉臂振肩扩胸。

第二，两臂经前举伸直向后拉臂扩胸。

注意：两臂要保持水平，胸向前挺。

三、腰背部柔韧练习法

小资料

前俯腰：主要用来练习腰部向前运动的能力和柔韧性。具体方法：并步站立，两腿挺膝夹紧，两手十指交叉，两臂伸直上举手心向上。然后上体前俯两手心尽量向下贴紧地面两膝挺直，髋关节夹紧，腰背部充分伸展。两手松引用双手从脚两侧屈肘抱紧脚后跟，使胸部贴紧双腿，充分伸展腰背部。持续一定时间后再放松起立。还可以在双手触地时向左右侧转腰，用两手心触及两脚外侧的地面，增大腰部伸展时左右转动的柔韧性。动作要点：两腿挺膝直立，挺胸塌腰，充分伸展腰背部，胸部与双腿贴紧。

后甩腰：主要用来练习腰部向后运动的柔韧性。具体方法：并步站立，练习时一腿支撑，另一腿向后上直腿摆动，同时，两臂伸直，随身体向后屈做向后的摆振动作，使腰背部被充分压紧，腰椎前面充分伸展。动作要点：后摆腿和上体后屈振摆同时进行；支撑腿、膝伸直。头部和双臂体后屈做协调性后摆助力动作。

腰旋转：主要用来练习腰部的左右旋转幅度。具体方法：两脚左右开立略宽于肩，两臂自然垂于体侧以髋关节为轴体前俯，然后以腰为轴，使上体自前向右、向上再向左，来回地做顺时针或逆时针旋转；同时，双臂随上体做顺时针或逆时针的环绕动作，以增加腰部旋转的幅度和力度。动作要点：尽量增大绕环幅度，速度由慢到快，使腰椎关节完全得到伸展。

1. 涮腰练习，2个8拍（如图2-9）

图2-9

预备：正步直立，两臂垂于体侧。

第一个1到8拍：上体向右转45°，左臂胸前弯曲，手心向内，右臂侧后举，腿伸直，上体由前经左，后至右做腰部绕环，两臂随之上举。

做涮腰练习时，不能屈膝，要尽量保持水平绕环。第2个8拍向相反方向做一次。

2. 甩腰练习，2个8拍

同学们做体前屈和体后屈的甩腰动作时，要求幅度由小到大，充分伸展背和腹肌。

（1）前腰练习，2个8拍（如图2-10）

预备：站立，手臂上举。

第1个8拍：体前屈，两手触地。直立，双臂上举。重复做1个8拍。

第2个8拍：体前屈，两手抱小腿。2拍到7拍时胸部贴在腿上。第8拍时直立，两脚分开与肩同宽，两臂上举。

做前腰练习时，臂与上体同步，膝关节伸直。

图2-10

（2）后腰练习，2个8拍（如图2-11）

预备：正步直立，两臂垂于体侧。

第1个8拍：1、2拍两臂经前上举向后用腰，接着直立，两臂仍上举。3拍到8拍同1拍到2拍。

第2个8拍：1拍到6拍两手叉腰，向后控腰。7拍8拍直立，两手叉腰。

向后下腰时，不能出腹屈膝。

图2-11

小资料

强健腰椎的8个生活细节

1. 养成端正的姿势

端正、优雅的姿势可以充分展现一个人良好的精神气质。这种姿势训练不仅表现礼仪，对腰椎也很有帮助。让我们从每个姿势开始，各花5分钟，逐渐养成良好的体态。

坐位训练：坐在有靠背的木椅上，髋部、膝部屈曲90°，腰椎和靠背之间尽可能靠紧，不留空隙。

站立训练：腰背部紧贴墙壁直立，以腰椎和墙之间伸不进手为原则，然后逐渐屈髋屈膝下蹲。

步行训练：头上顶一本书，保持腰椎垂直迈步前进，尽量不要使头上的书掉下来；两手各平举一较轻物品，腰椎保持平直，迈步前进。

2. 保持恒定的体重

体重的增加不知不觉，而且脂肪最容易在身体中段堆积，所以我们常于不经意间在腰间发现自己的"轮胎"。这些赘肉就是腰上挂的一个个沙包，既增加了腰椎的负担，又使腰椎深埋在脂肪之中，得不到锻炼而容易软弱。

3. "大雁式"锻炼腰部肌肉

发达的腰肌和腹肌可以像一个夹板，很好地保持脊柱在任何运动、静止状态的稳定性，保护腰椎免受伤害。增加腰部肌肉力量最好的方法是游蛙泳。此外，还可以每天做"大雁式"：俯卧位，用力挺胸抬头，双手双脚向空中伸展，犹如大雁在飞。每次抬起动作要持续5秒

钟，然后放松肌肉，休息3~5秒。每天早晚各锻炼一次，每次做30个。

4. 保持身体柔韧性

身体柔韧，腰部损伤的机会就可以减少。练习瑜伽、太极可以增强身体的柔韧性，缓解腰部肌肉紧张。

5. 适当的床垫

标准以半硬为佳，有助于维持脊椎正常生理弯曲度、减轻腰酸背痛。过软，会因人体重量压迫而形成中央低、四边高的状态。这样增加了腰背部肌肉的张力，从而直接影响脊椎本身的生理曲线。过硬，使体重集中在2~3个受力点上，容易压迫局部而影响血液循环，必须频频更换睡姿以求调整，因此会干扰睡眠品质。

现在根据人体力学，床垫厂家开发出多种规格和弹性的床垫，适合人体各部位不同负荷和人体曲线的需要，我们可以找到最适合自己的那一款。

6. 使用腰枕

久坐时应用小枕靠垫在腰部，每隔半小时去掉小枕头5分钟，这样能让腰部经常变换位置。腰枕以10厘米高度的软垫为好。这样身体向后压，正好压缩5~8厘米，最符合腰椎的生理弯曲。

7. 晨起运动

熟睡后，腰椎间盘因为吸收水分膨胀而压迫神经，这是晨起腰痛加重的原因。如果起床

后做2~3分钟的腰部运动，可使椎间盘受到按压，挤出多余的水分，从而减轻疼痛。

8.搬举重物的正确动作

搬举重物时应当两腿分开，保持重心稳定；屈膝下蹲，身体向前靠，使重力分担在腿部肌肉上，减轻腰部的负担；注意收腹，让腰椎始终保持良好的排列；逐步加大用力，防止腰部的突然受力。

四、腿部柔韧性练习

腿部柔韧性训练方法很多，但总体来说可分为主动训练和被动训练两种。主动训练是指习练者依靠自己的力量进行练习，具体方法有：压腿（正压腿、侧压腿、后压腿、仆步压腿）；劈腿（横劈腿、竖劈腿）；耗腿（正耗腿、侧耗腿、吻靴）；踢腿（正踢腿、斜踢腿、侧踢腿、里合腿、外摆腿）等。被动训练是指习练者在别人的帮助下或借助外力进行练习，具体方法有：搬腿（正搬腿、侧搬腿、后搬腿）；吊腿（正吊腿、侧吊腿）。

腿部柔韧性训练主要提高腿部前、侧、后的各组肌群伸展和迅速收缩的能力，以及髋关节灵活性。腿部柔韧训练主要采用压、开、踢、控和劈腿等动作。

（一）压腿

1.大腿内侧韧带练习

（1）侧腿联系：预备姿势，手撑地，身体保持水平，向左移动成左弓箭步。2拍一次向下振动，共完成4×8拍，换另一方向。（如图2-12）

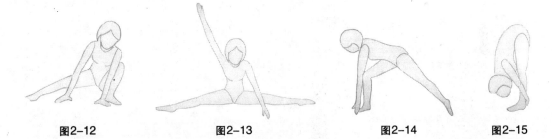

图2-12　　图2-13　　图2-14　　图2-15

（2）双腿分开至最大限度，大腿内侧韧带不宜拉得过紧，脚尖绷直，并向左右侧做压腿练习。（如图2-13）

温馨提示

要用力拉长腿内侧的肌肉。

2.大腿后侧的柔韧组合

（1）弓步练习：前腿弓，后腿蹬，下压（左右交替做）。（如图2-14）

（2）两脚开立，俯身，双手放于脚踝处，做上体振动，牵拉大腿后侧韧带。（如图2-15）

教学建议：加强练习强度，增加训练时间，使学生掌握动作要领。

（二）开腿

分正、侧、后三个方向，可由同伴把腿举起加助力按。要求肌肉放松，不要主动对

抗用力。（如图2-16）

（三）踢腿

可扶把踢，也可行进中踢。常用踢腿方法有正、侧、后踢腿。还可采用两腿分别向异侧45°方向踢出的十字踢腿。要求上体正直，踢腿时腿要伸直。（如图2-17）

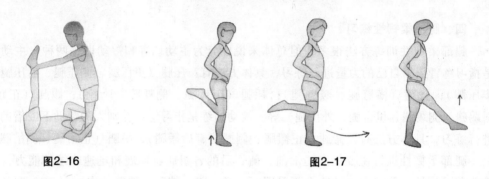

图2-16   图2-17

（四）控腿

1. 前控腿

有两种方法，一种是直腿抬起的向前控腿（如图2-18），一种是膝盖先抬起然后伸直控腿（如图2-19）。

图2-18   图2-19   图2-20

2. 侧控腿

要求上体正直，抬起的腿、髋关节必须展开，脚掌对准体侧，臀部不能向后突。（如图2-20）

3. 后控腿

要求上体正直，后举腿的髋关节不能外旋，脚掌向上。（如图2-21）

（五）弹腿

先将大腿向上踢起控制不动，然后小腿迅速有力地前踢，伸直膝关节，注意动作的连贯性。（如图2-22）

（六）劈叉

前后劈腿，同伴帮助压后大腿根部。左、右劈腿时应将两腿垫高，自己下压或由同

图2-21

图2-22

伴扶髋关节下压。

进行腿部柔韧性练习，的确枯燥乏味。尤其是练到一定程度，还会有腿、髋部酸痛的感觉，这是出现的类似长跑运动员一样的"疲劳期"，此时最重要的是有坚强的意志，不可停歇。还应善于自我调整，适当减轻力度、幅度，减少压腿时间，或是将踢腿练习与压踢结合等。只要坚持下去，酸痛的感觉会逐渐消失的，那时你会为自己取得的成绩而兴奋的。

温馨提示

压腿前要做好准备活动，练习前可做一些腰、胯、膝、踝关节、腿部肌肉的准备活动。因为肌肉、韧带的伸展性与肌肉的温度有关，通过准备活动，可提高肌肉的温度，降低肌肉内部的黏滞性，有利于腿部柔韧性练习。

初练时，不宜做强度很大的练习。把腿放在与腰同高的物体上，髋部后坐，臀部要平，支撑腿与地面垂直，膝部挺直，被压腿脚尖向上并有意识地向回勾扣，上身用力向前移动，压腿成一直线。脚尖回勾有利于拉长腿部韧带、肌腱、肌肉，上身前移可拉长躯干，特别是脊椎。一条腿压几分钟后，再换另一腿。几天之后，腿部肌肉变得柔软而富有弹性时，可进行下一步。

压腿时，身体对腿部韧带、肌腱、肌肉施加压力。初练时，用力应轻，当练习一段时间后可逐渐加重压力；如果一开始就加重力，也许能坚持一两天，恐怕第三四天连走路都困难了。

初练压腿，因其腿部韧带、肌腱、肌肉伸展性差，猛然用力拉长，不仅徒劳无功，还会使韧带受伤。练时，应先拉长腿部韧带、肌腱、肌肉及脊椎，然后施以振压；振压也要一下一下地进行，不可急于求成。

压腿时，躯干与腿相应部位的接触顺序是：
躯干：腹部—胸部—头部
腿部：大腿—膝盖—脚尖
不要一开始就毫无顾忌地用头硬接触脚尖。

五、足背柔韧性练习法

足背的柔韧性好，不但可以增强肌肉收缩力量，而且可以使动作姿态更加优美。

1. 练习者跪坐在垫上，利用体重前后移动压足背，也可以将足尖部垫高，使足背悬空，做下压动作，这样强度更大一些。（如图2-23）

2. 练习者坐在垫子上使足尖部上面放置重物，压足背。（如图2-24）

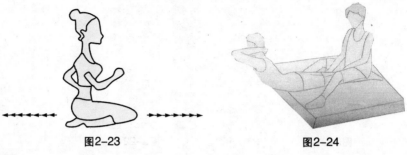

图2-23　　　　　　　　　　图2-24

小资料

柔韧性训练要点

其一：练习柔韧的时间最好选择在下午，而不要在早上跑步后猛练柔韧，因为早上人刚起床，各部位的关节还没有活动开来，即使是跑完步也不会对身体有很好的活动（针对练习柔韧来说）。一个人在白天活动了一天后，身体不管是哪个部位都相对地活动开了，而且体温也升高，练习柔韧见效会很快。还有一点，跑完步后体力消耗也比较大，此时练习柔韧是不科学的。

其二：练习柔韧时最好要掌握三种辅助方法，那就是静耗、精神意念、助力压腿。其中助力压腿是指在久练无效（这种可能主要是因为习者方法不得当或怕苦所造成）的情况下用一个助手来辅助练习，方法是：例如练横劈时，可让助手用力按住你的双膝向下压，但切记练习时千万不能乱开玩笑，以防伤身。

其三：练柔韧时一定要将压腿（劈叉）配合于踢腿练习，效果会更佳。有谚云："只压不溜不中用，只溜不压笨如牛。"可见压与踢的配合是非常之重要。

其四：练习柔韧前一定要充分活动全身，使身体发热后再压腿，在压的过程中要同时和静耗、精神意念相配合，只有这样才能提高练习的效果。

练一练

姿态培养训练：（配2/4或4/4慢速音乐）

1. 身体保持直立，两手臂上举，保持一个8拍的动作，第二个8拍手臂向身体右侧滑下平举于体侧，左手平举，右手于体前，第三个8拍右手滑向体侧平举，第四个8拍双手向体后伸展，仰头、挺胸、立腰。重复做此动作，动作相同，方向相反。（如图2-25）

2. 双腿打开，第一个8拍在两手臂平举的动作下向侧方向下腰，一手臂紧贴耳朵，一手臂放于身体腰背后方。第二个8拍同第一个8拍，动作相同，方向相反。（如图2-26）

3. 第一个8拍身体向左侧打开，左脚前脚尖点地，右腿膝盖微曲，在上体保持直立的基础上从腰到胸到头做一个波浪练习，手臂从身体后方向前进行绕环。第二个8拍同第一个8拍，动作相同，方向相反。（如图2-27）

4. 手臂平举，前后左右控腿练习。（如图2-28）

5. 手臂叉腰，站姿，双腿膝盖向外侧打开一个8拍，第二个8拍进行压脚跟练习，此动作两拍一动，可换不同的脚位做此动作。（如图2-29）

图2-25

图2-26

图2-27

图2-28

图2-29

第二节 力量训练

随着消费者们服务意识的增长，第三产业作为一个服务大众的行业，也对其员工的要求日渐增高，其中服务持续时间越来越长成为影响第三产业发展的重要因素之一。

长时间地站立，频繁地抬臂，始终如一的微笑服务等，都成了同学们不得不去面对和解决的实际问题。

力量训练能有效地改变我们的身体状况，在塑造健美形体的同时，给人带来力量和健康。根据第三产业的特点，应主要采用静力训练。

静力训练法的练习是在关节和四肢静止的前提下，通过肌肉的收缩活动使肌肉力量得到强化。主要方法是把动力练习与静力练习有机结合起来，先动后静。即先做动力练习至某训练期的极限，而后固定在需要锻炼部位的角度上静止用力。肌力训练还有一个规律，当采用恒定运动负荷量训练一阶段后，肌体就会逐渐适应，肌力就不会再有提高或提高甚慢。此时需要适当休息一至两个训练周期，再恢复训练。

温馨提示

> 有呼吸系统疾病、心血管系统疾病的同学，没有进行过这方面锻炼的老人和儿童等不适合做静力性练习。

一、臂部力量训练法（如图2-30）

1. 引体向上

练习方法：两手间隔大于肩宽，掌心朝下，屈腕成钩状，钩住单杠。

训练过程：吸气，从悬挂姿势开始，向上拉起至下颚过杠。然后两肘关节保持较高位置，以肘关节为轴心，上臂慢慢放下，使头顶低过横杠后再向上拉起，直到颈部触及横杠（每组完成后可做静力控制）。

练习要点：整个动作缓慢有节奏，反复进行。每组完成后可悬挂一定时间。

图2-30

温馨提示

训练达到一定效果后，受练者可将两手钩横杠的间距控制在10厘米以内，训练强度随之增加。

2. 双杠双臂屈伸（如图2-31）

练习方法：双杆间距最好宽于肩，双手握杠成直臂支撑，挺胸、收腹，两腿伸直并拢放松呈下垂状。

动作过程：呼气，屈肘弯臂，身体下降，直至两臂弯曲降低到最低位置时，头部应向前引，两肘外展。随即吸气，以收缩力撑两臂，使身体上升直至两臂完全伸直；当上臂超过杆水平位置时，臀部稍向后缩，躯干呈"低头含胸"的姿势（每组完成后可做静力控制）。

练习要点：动作要缓慢进行，不要借身体的振摆助力完成动作；撑起时速度要快、挺胸、抬头、收腹、不耸肩。

图2-31

温馨提示

若有条件，可在脚上挂重物，绑上沙袋等。

3. 仰卧撑（如图2-32）

练习方法：男生仰卧或坐于地面，含胸，收腹，并腿，两臂分立体侧，两腿伸直并拢放松。

训练过程：吸气，挺肘直臂，挺胸收腹，挺髋绷脚面，头后仰。女生可在50厘米高的台上或肋木上屈臂，背部紧贴高台（肋木）推起（每组完成后可做静力控制）。

练习要点：动作要缓慢进行，身体要挺直，仰头速度适宜（依据受训学生的个人能力，可选择以次数为参考及持续时间为参考的两种训练方式）。

温馨提示

可将双腿抬高加大难度或负重练习。

图2-32

二、背部力量练习法（如图2-33）

背挺（此方法也可用作腰部力量训练）

练习方法：俯卧垫上，两臂前伸，两腿并拢伸直。

动作过程：吸气，两臂和两腿同时向上抬起，腹部与坐垫成背弓，然后呼气，积极还原，连续练习（每组完成后可做静力控制）。

练习要点：两臂向外伸展，双腿挺直。

温馨提示

> 训练时应控制身体还原的速度，以免面部撞击地面受伤。

图2-33

三、腰部力量练习法（如图2-34）

俯卧挺身（此方法也可用作背部力量训练）

训练方法：俯卧在乒乓台上，髋部以下部位由一人压住双腿，固定在乒乓台上，做体前屈和挺身起。前屈时慢些，挺身则要充分，身体成反弓形。每组完成后，挺身充分做静力控制。

温馨提示

> 可在地面固定两腿进行相同训练。

图2-34

四、腹部力量练习法

1. 仰卧起坐（如图2-35）

练习方法：仰卧垫上，两脚固定，两手抱头。

动作过程：呼气，收腹屈体，再吸气缓缓还原成仰卧状，反复进行。

练习要点：节奏的控制。

温馨提示

> 双手扶头不可用力过大，以免使颈部受伤。

图2-35

2.仰卧举腿（如图2-36）

练习方法：仰卧垫上，两手置身体两侧放于垫面或握住头侧固定物。

动作过程：吸气，收腹，两腿伸直或稍屈向上举至垂直。然后呼气，缓缓放腿恢复到仰卧状。（也可两人一组，受训者将两手握住辅助者两脚踝于头两侧，抬腿上举后辅助者将其推下还原后重新开始）

练习要点：收腹并提腿。

图2-36

温馨提示

两人一组训练时，受训者举腿快，放腿慢。

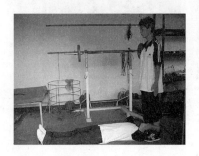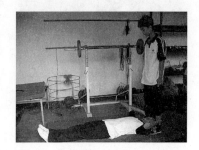

图2-36

3. 仰卧两头起（如图2-37）

练习方法：仰卧在垫子上，身体保持挺直。

动作过程：吸气，两臂和两腿同时上举至体前上方，手触脚背后呼气缓缓还原，反复练习（每组训练后可做静力控制）。女生训练时可屈膝而做，即手指触碰膝盖即可。

练习要点：可增加强度，腿部和背部下放时不接触垫子，距垫面10厘米左右开始下一次的练习。

图2-37

4. 蛙式仰卧起坐（如图2-38）

训练方法：仰卧垫上，两脚掌靠拢，两膝分开，两手置头后，向上抬头，使腹肌处于紧张收缩状态，两秒钟后还原，重新开始。

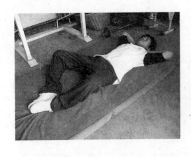

图2-38

5. 仰卧卷体（如图2-39）

训练方法：平躺于软垫上，双手平放于软垫，将双脚高举呈90°，运用下腹部的力量将高举的双腿伸直，并相互来回弯曲膝盖。弯曲膝盖的同时，可以将上身肩膀与颈部伸起，同时锻炼上下腹部的肌肉。

图2-39

小资料

如果条件允许，有器械的话可以用以下方法训练效果更好。

在平稳的器材上平躺，并准备进行训练；将双手往后平抓紧器材，将双脚高举呈现90°，往后方抬举。注意，此时运动的是下腹部，带动整个下半身。

图2-39

五、腿部力量练习法

1. "扎马"（如图2-40）

练习方法：两腿平行开立，两脚间距离三个脚掌的长度，然后下蹲，脚尖平行向前，不能往外撇。两膝向外撑开，膝盖不能超过脚尖，大腿与地面平行。同时胯向前内收，臀部不能往外突出。

图2-40

29

2. 负重深蹲（如图2-41）

训练方法：两人一组，均双手扶肋木，辅助者开腿坐于受训者肩上。

动作过程：受训者屈膝深蹲后还原，身体重心稍向前，蹲时慢，起时快。一组10~15次。完成后交替训练。

训练要点：重心往前少许，腰部不能晃动以免受伤。

温馨提示

选择辅助者时，其体重最好不要过分大于受训者。

图2-41

练一练

1. 腿部力量和柔韧性的练习

（1）跪坐压脚背练习。

（2）直角坐于地毯上，勾、绷脚面练习，挺胸收腹。

（3）面对把杆双手扶把，提踵、落踵练习。

（4）直立体前屈双手抱膝练习，双膝伸直。

（5）直角坐于地毯上，向前压腿练习，双膝伸直。

（6）大分腿坐于地毯上，向前、向侧压腿练习，双膝伸直，上体尽量贴近地面。

（7）面对把杆站立向前压腿练习。保持挺胸收腹，立腰、立背形态，压腿时，腹部尽量贴近大腿。

（8）侧对把杆站立向侧、向后压腿练习。向后压腿时抬头。

（9）地面上仰卧向前踢腿练习。

（10）地面上侧卧向侧踢腿练习。

（11）地面上俯卧向后踢腿练习。

（12）双手直臂撑地，双膝跪地向后、向侧踢腿练习。

每个练习重复6~8次。

2. 腰部力量和柔韧性的练习

（1）跪姿向后下胸腰练习，保持抬头挺胸形态。

（2）俯卧在地毯上，头和双腿伸直尽量向上抬起。

（3）双手放肩上坐在地毯上，向左向右扭腰练习。

（4）侧卧在地毯上，向前屈膝收腿、含胸，向后伸腿、展胸练习。

（5）双膝跪地双手撑地含胸、低头、弓背，挺胸、抬头、踏腰练习。

每个练习重复6~8次。

3. 胸、腹部力量练习

(1) 俯卧撑

(2) 斜卧撑

(3) 仰卧起坐

(4) 两头起：双手上举仰卧平躺在地毯上，上体和双腿同时向上抬起。

(5) 收腹剪腿：仰卧平躺，双腿略抬离地面，两腿上下交替练习。

(6) 仰卧平躺在地上，模拟骑自行车练习。

4. 肩部力量和柔韧性练习

(1) 双臂摆动绕环练习。

(2) 压肩韧带：面对肋木，两手臂伸直放在肋木上，上体前倾压肩。保持抬头、挺胸、踏腰的形态。

(3) 背对肋木站立，双手体后握肋木，向前下拉肩练习。

(4) 双手持木棍，手臂伸直向前、向后转肩练习。

练一练

美臀的标准是什么？挺翘、圆润、结实，还要有弹性。那么怎么才能拥有呢？快来学吧！

1. 双臂伸直扶墙壁，右腿独立，重心移右脚掌，然后身体向前弯曲，一边呼气一边把左腿向右伸直，尽量抬高，双腿交替进行，各做15次，双腿不要弯曲。早晚各做一遍，每天坚持做，这样锻炼能使腹部收缩，使腰部到臀部形成一条优美的曲线，达到健美的目的。

2. 身体站立，双手叉腰，然后弯曲膝盖，保持微蹲的姿势。保持预备姿势，然后收腹，接着向后收臀，此为一完整动作。继续保持膝盖弯曲，然后连续做以上动作。

3. 脚踩着绳子，两脚成前后步，接着下蹲，使前后脚的大腿及小腿都成90°。

4. 双脚微屈平躺地上，双手平放在两侧。利用腰力引体上升，维持约5秒后，将身体平放在地上，重复动作15次。

5. 仰卧在床上，双腿伸直，双臂成一字分开：举右腿与床成直角，慢慢向左指举去，尽量碰到左手指，右腿保持伸直，左手保持水平；还原；换成左腿，向右手指举去，重复进行。

6. 让双肘及膝盖伏在地板上，收缩腹部、臀部及腿部的肌肉。抬起左腿至臀部高度，并使膝盖弯曲成直角，保持数秒。收下左腿，然后重复右腿。

7. 爬楼梯，简单又省钱。但是，每栋办公大楼几乎都有电梯，大家搭电梯习惯了，怎么可能还想爬楼梯呢！其实，爬楼梯有很多好处，可以消耗卡路里。另外，如果你在走楼梯时，每次踏两个阶梯，可带动你的大腿及臀部肌肉群，紧实你的臀部。

8. 找一把椅子，扶着椅背，一脚站直，另一脚在空中向后伸展，约2秒后，再放下，动作可重复10~15次，接着换脚再做。

9. 双脚分开站立，宽度比肩，两臂侧平举成水平状。两臂向下至腹部交叉，同时膝盖弯曲，腿微微下蹲。然后回复到预备姿势。

10. 跪在地上，用双手撑住地面。单脚屈起向外侧伸展，左右脚轮流做20次。

11. 席地而坐，双腿伸直，挺腰直背：用半边臀部向前"行走"，背不能躬，双腿不能弯曲，不能用手扶地。上述练习对减少大腿尺寸都有帮助。

12. 双腿并拢，双手撑在墙上，腿打直，臀部先向外伸展10秒，接着再朝墙靠近10秒，重复做，不仅可以雕塑臀部曲线，也有收腹的效果，小腹会慢慢变平。

13. 双脚张开与肩同宽，踩住弹力绳，双手再握住绳子放在肩上，臀部往下蹲，使大腿与小腿间约成90°，静止动作维持8秒后，再站直。至于该做多少次，请依照个人情况调整。

14. 双手扶把，双腿并拢，双膝伸直，挺胸、紧臀，上肢向后倾，此姿势保持30~60秒，为一次。反复重复以上动作，臀部肌肉有酸软的感觉，每次练习要坚持3分钟，每日可重复练习数次。

15. 双手叉腰，左腿向后以你感到舒服的姿势站立，右腿绷紧，脚掌接触地面。身体向前挺的同时向下压，上身保持挺直，左腿弯曲膝盖向前接近右腿。左右腿前后交换进行。

16. 俯卧在床上，双手放至身体两侧。抬起右腿，注意脚尖绷直，保持一分钟左右。左右腿交换进行。

17. 跪在地上，双手撑住地面，身体尽量拉直，然后单脚伸直向上尽量提升，保持动作

至脚部带点酸软，约10秒。双脚轮流重复动作20次。

18. 手脚伸直伏在地上。利用腰力向上拉高身体，维持约3秒。将动作重复做10次。

19. 放一池温水，坐在浴缸中，将双腿伸直。将一条腿屈起，用力将身体向前俯，维持约10秒，双腿轮流重复动作，能收紧腿部及臀部的肌肉。

20. 刷牙时，两脚并拢，肩部挺起，臀部用力缩紧。漱口时，臀部放松。重复两个动作，可使臀部及大腿的线条更动人。

坚持美臀练习，可以加强腿部线条美，尤其对减去臀部脂肪、臀部位置的抬高和加强腰背力量均有效。

第三节　把杆训练

舞蹈把杆训练是形体训练的基础，是为以后完成各种徒手动作及组合动作做准备的。使用把杆进行训练其内容主要包括扶把的各种站位、擦地、蹲、踢腿、屈伸、划圈、压腿、击打、身体的弯曲与波浪、移重心、平衡与控制、转体、跳跃等练习。借助把杆进行慢动作及分解动作的练习，不仅能培养规范化的身体姿态，而且能有效地发展腿部、躯干部位的柔韧性、力量和平衡能力，有利于掌握技术细节，建立正确的动作概念。开始训练时可以双手扶把，以帮助控制身体姿势，经过一段时间练习后，可改为单手扶把。通过对身体各部位形态、姿态的基本训练，进一步改变身体形态、姿态的原始状态，提高形体动作的灵活性，增强站姿、坐姿、走姿的动作规范。

小资料

把杆训练中应注意几个问题

1. 结合训练者的实际情况，注意力量与软度的训练

重视和加强力量及柔韧性的训练，可以强化训练者的肌肉收缩能力、关节肌肉组织和韧带的柔韧性，同时也能使其他舞蹈素质得以提高，比如稳定性、控制力和灵活性等。练习者

不会再有速度不够、腿伸不直、抬不高、踢不起及动作幅度太小的缺陷了。

2. 在把杆训练中，注意气息的支点

舞蹈中呼吸的运用，影响着整体运动的过程，也直接影响舞姿的流畅，找到呼吸方法并找到气息的支点是十分重要的。从基础开始做

起，从把杆训练开始，练习者要在训练之中形成一种惯性，抓住气息支点也就能在今后的舞蹈中运用自如了。

3. 在训练过程中，注意支撑腿的姿势和稳定

注意支撑腿的站立姿势，能确保人体的稳定性增强。在舞蹈中有着稳定的、强有力的主力腿支撑，才能做出各种美而动人的舞姿。

总之，把杆训练是气息、力量、柔韧性及稳定性等的结合，是全方位的综合训练。

一、芭蕾手位练习（如图2-42）

1. 基本手形：女士采用芭蕾椭圆手形，即大拇指和中指稍相对、靠拢，其余四指自然展开，成自然弧线形。男士四指并拢伸直，大拇指向里合。

动作要求：保持好立正姿势。双肩下沉，肘关节放松，用肘关节带动手臂做手位转换。

一位手：两臂弧形下垂于小腹前，手指相对，掌心向内并斜向下。

二位手：两臂弧形前平举略低于肩，手指相对，掌心向内并斜向下。

三位手：两臂弧形上举，掌心相对。

四位手：一臂弧形上举（三位手），一臂弧形前举（二位手）。

五位手：一臂弧形上举（三位手），一臂弧形侧平举，掌心向前。

六位手：一臂弧形前举（二位手），一臂弧形侧平举，掌心向前。

七位手：两臂弧形侧平举，掌心向前。

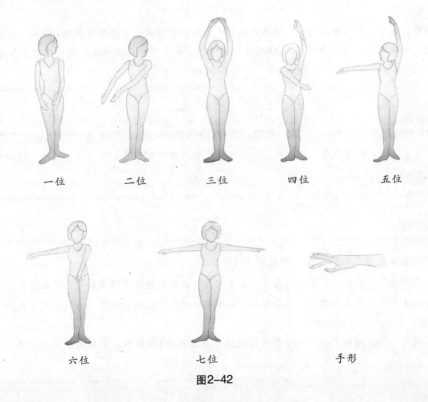

一位　　　二位　　　三位　　　四位　　　五位

六位　　　七位　　　手形

图2-42

2. 手臂的基本部位

前下举：以大臂带动肘，小臂举至体前，大臂与身体夹角成45°，掌心向下。

前举：以大臂带动肘，小臂举至胸前（前平举），大臂与身体夹角为90°，掌心向下。

前上举：以大臂带动肘，小臂抬起至头顶正斜上方，掌心向下。

上举：以大臂带动肘，小臂抬起至头顶正上方，掌心向前，大臂与身体夹角为180°。

侧下举：以大臂带动肘，小臂从体侧向下举，大臂与身体夹角为45°。

侧举后侧下举：以大臂带动肘，小臂从体侧向上举至大臂与身体夹角为90°后，向下移动手臂至身体与大臂夹角为45°。

后斜上举：以大臂带动肘，两臂位置在头顶后上45°，掌心向下或向上。

练习方法：每一个八拍换一种手位，可配上不同的站姿，循环练习。

温馨提示

在站立形态控制较好的基础上，反复体会肘关节带动手臂做手位转换练习时的感受，进而配合头部进行随手运动的练习。

练一练

烦恼问题：粗壮的上臂，松弛的肌肉，无论穿什么都显得臃肿。怎样才能使手臂显得更结实和健美呢？

推荐：健身球由乙烯基制成，里面充满空气，人们可以根据自己的身材选择直径从60厘米到1米不等的球来锻炼，它最多可承受200多千克的重量。用手臂的各个部分来做抬升健身球的运动，就能有效减去多余的脂肪，并且使肩部、手臂和手腕的关节得到充分活动。

温馨提示

在开始锻炼的时候准备一个表格和一把皮尺，每次锻炼完后做一个小小的记录，这样就能发现令你惊喜的变化噢！

锻炼要领

1. 将前臂向内弯曲90°，轻轻抬起健身球。

2. 用球落下产生的压力来击打手臂的各个部分，这样的动作就像是在给手臂做按摩一样。

3. 由于处于手臂上部的三头肌最容易积聚脂肪，抬升手臂的时候要注意，前臂一定要处于水平的位置，动作要尽量舒展和轻柔。

4. 两个手臂交替锻炼，开始阶段每组时间可以控制在5分钟内，然后循序渐进地增加力量和难度。

二、芭蕾脚位练习

1. 基本站立

立正：两脚并拢，两腿伸直，两臂自然垂直于体侧。抬头、挺胸、收腹、立背、立腰、提臀、紧腿。两眼平视前方，下颚微收，双肩后展下沉，背部成一平面，平稳均匀地呼吸。

八字步：在立正的基础上，两脚跟靠拢，脚尖外转约45°。

大八字步：在八字部的基础上，两脚跟左右开立与肩同宽。

丁字步：在八字步的基础上，一脚脚跟靠于另一脚足弓处，并相互垂直。

练习方法：以上四种站立步伐，每两个八拍换一种，循环练习4~8次。（如图2-43）

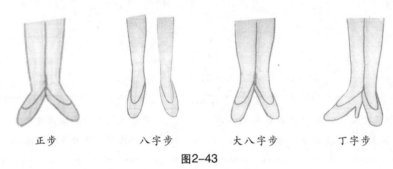

正步　　　　　八字步　　　　大八字步　　　　丁字步

图2-43

2. 双手叉腰站立

动作要求：在立正、八字步、大八字步和丁字步站立的基础上，双手叉腰。在改变双臂位置的情况下，加强双肩和站立形态的控制能力。

练习方法：以上站立姿态每一种做两个八拍，循环练习4~8遍。

3. 双手叉腰提踵站立

动作要求：在双手叉腰站立的基础上，双手提踵站立，脚跟离地尽量高。在改变双臂和双足位置、提高身体重心的基础上，加强踝关节、肩部、腿部及上体形态的控制能力。

练习方法：以上站立姿态每一种做两个八拍，循环练习4~8拍。（如图2-44）

教学中应注意的问题：基本站立姿态的训练是基本形态练习中最基本的动作，也是形体教学中的必修内容，一定安排在教学进度中的第一单元进行。

4. 动作要求：保持立正站姿，脚位转换时骨盆固定，两腿伸直，重心在两脚上。

一位脚：两脚跟靠拢，两脚尖外转90°，两脚成一直线，显"一"字型。

二位脚：在一位脚的基础上，两脚左右开立，脚尖向外，两脚跟分开相距一脚的距离，重心落在两脚上。

三位脚：两脚一前一后，前脚脚跟紧贴后脚内侧

图2-44

中部。

四位脚：两脚前后平行相距一脚开立，一脚脚尖与另一脚脚跟对齐。

五位脚：两脚一前一后，完全重叠，前脚脚跟紧靠后脚趾。

动作要求：脚的五个位置站立时必须注意把身体重心均衡地落在每只脚的三个支点，也就是大拇指、小脚趾和脚跟上。（如图2-45）

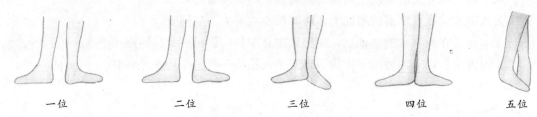

| 一位 | 二位 | 三位 | 四位 | 五位 |

图2-45

练一练

1. 双手扶把站立，进行各脚位练习，以帮助控制身体重心及体会正确姿势。

2. 单手扶把进行各脚位练习。

3. 离把练习，并做各脚位练习。

5. 脚的基本部位练习

（1）摆

A. 行进时或原地向前、向侧、向后踢腿练习（如图2-46）

要求：两腿伸直，膝盖脚面向外，上体挺身，用脚尖发力向上踢腿，以髋为轴进行直腿摆动，尽量加大幅度，注意摆腿的速度。

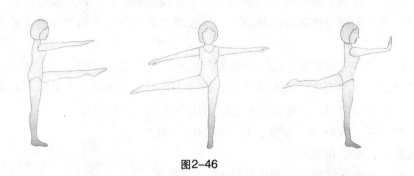

图2-46

B. 躺地踢腿

采用仰卧正踢腿、侧卧侧踢腿、俯卧后踢腿的方法。做时要求背部挺直，髋部有正确位置，脚面膝盖绷直。（如图2-47）

图2-47

（2）举

以髋关节为轴举腿，单手扶把，手为七位，一腿慢慢上举，慢慢落下，进行前举、侧举、后举、再交换腿做。（如图2-48）

图2-48

（3）控

举起腿之后保持静止不动，控腿若干分钟后慢慢落下。进行前、侧、后控腿。（如图2-49）

图2-49

（4）压

借助于肋木或扶把，单腿搭于其上，另一腿为支撑腿，进行前压、侧压、后压。（如图2-50）

（5）耗

在做完压腿动作后，不要急于落下，上体伏向腿，双手放于脚踝处，进行耗的练习，进行前、侧、后耗腿。（如图2-51）

图2-50

图2-51

三、把杆练习

1. 扶把的两种方法

（1）单手扶把。侧向把杆，内侧手于身体稍前，轻放在侧面的把杆上，另一臂成各种要求位置。（如图2-52）

（2）双手扶把，身体面向把杆，身体距把杆约一脚，两手轻轻放在把杆上，手腕放松，与肩同宽，两肩放松，肘下垂。（如图2-53）

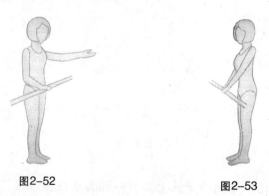

图2-52   图2-53

动作进行过程中，站在地上的腿为主力腿，作为支撑的重心。在地面或空间的腿为动力腿。

2. 扶把练习

（1）擦地（配2/4或4/4快速音乐）（如图2-54）

动作要求：保持五位站姿，主要是提高脚背、踝的力量和柔韧性及腿部肌肉的控制能力。擦地时骨盆固定，重心始终垂直于支撑，双脚伸直，运动腿脚面绷直并外翻，迅速有力地向前、后、侧擦地。

教学方法：

预备姿势：侧对把杆，一手扶把杆，一手七位手势，外侧脚丁字步站立（或五位站姿）。

手势七位手势	1—2	由一位手到二位手。
	3—4	由二位手到七位手。
第一个八拍	1—	运动腿伸直并沿地面有力地向前擦出去，脚踝外翻下压，脚趾外侧触地。
	2—3	保持不动。
	4—	踝关节用力下压沿地面直腿收回。
	5—8	同1—4拍。

第二个八拍同第一个八拍，只是向侧面做，同时胯部打开，五趾趾腹触地。

	1—	运动腿伸直并沿地面有力地向侧擦出去，胯部打开，五趾趾腹触地。
	2—3	保持不动。
	4—	踝关节用力下压沿地面直腿向前收回到五位。
	5—	同1—拍。
	6—7	同2—3拍。
	8—	踝关节用力下压沿地面直腿向后收回到五位。

第三个八拍同第一个八拍，只是向后面做，同时腿外翻，脚拇指内侧触地。

	1—	运动腿伸直并沿地面有力地向后擦出去，腿外翻，脚拇指内侧触地。
	2—3	保持不动。
	4—	踝关节用力下压沿地面直腿收回。
	5—8	同1—4拍。

第四个八拍同第二个八拍，只是向侧面做，同时胯部打开，五趾趾腹触地。

	1—	运动腿伸直并沿地面有力地向侧擦出去，胯部打开，五趾趾腹触地。
	2—3	保持不动。
	4—	踝关节用力下压沿地面直腿向后收回到五位。
	5—	同1—拍。
	6—7	同2—3拍。
	8—	踝关节用力下压沿地面直腿向前收回到五位。

第五~第八个八拍同第一~第四个八拍相同，但要换腿做动作。

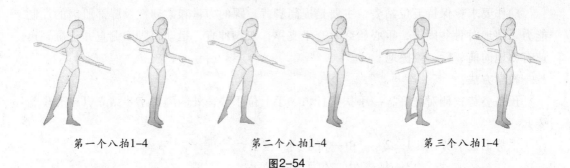

第一个八拍1—4   第二个八拍1—4   第三个八拍1—4

图2-54

（2）压脚跟（配2/4或4/4快速音乐）（如图2-55）

动作要求：身体保持直立，提踵立时只用脚趾关节着地，压脚跟要干脆而有力，中间不能停顿，下压后马上恢复提踵立姿态，注意起踵要充分。

教学方法：

预备姿势：面对把杆，双手屈肘扶把杆，一位脚站立。

起始动作：音乐前奏最后一拍提踵立。

第一个八拍

        1—   足跟迅速下压后立即提踵立。

        2—4   提踵立控制。

        5—8   同1—4拍。

第二个八拍同第一个八拍。

第三~第四个八拍一拍一压，最后一拍落地，动作结束。

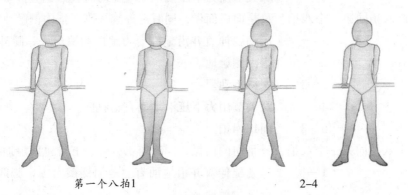

第一个八拍1   2—4

图2-55

（3）下蹲（配2/4或4/4中速音乐）（如图2-56）

动作要求：保持二位脚站立姿态，上体保持直立，臀部收紧，两膝和胯部向外侧打开。下蹲和直起时，腿部肌肉要做退让性收缩，下蹲时使之有被迫下蹲的感觉，起直时也要有向上的感觉。蹲和起之间不能有停顿，要注意力量的平均和连贯性。

教学方法：

预备姿势：侧对把杆，一手扶把杆，另一手臂成一位手、二位脚站立。

起始动作：侧对把杆，一手扶把杆，另一手臂成一位手到七位手，外侧脚丁字步站立。

第一个八拍（一位站立）

  1—2半蹲。

  3—4起立。

  5—8同1—4。

第二个八拍

  2—4全蹲，臂下摆至一位。

  5—8起立，臂经二位侧摆至七位。

第三、第四个八拍与第一、第二个八拍动作相同，方向相反。

第一个八拍1 2 3 4 5 6

图2-56

二、压腿（配3/4或4/4拍中速音乐）（如图2-57）

动作要求：保持丁字步站立姿态。正压腿时用腹部靠近大腿；侧压腿时双肩水平侧倒，肩触膝，胯向两侧打开；后压腿时胯要正。

预备姿势：身体侧45°面对把杆，一手扶把杆，另一手臂成一位手，外侧脚丁字步站立。

教学方法：

预备：

  1—2 运动腿同侧手臂由一位到二位。

  3—4 运动腿同侧手臂由二位到三位。

  5—8 运动腿伸直绷脚面，放到把杆上。

第一个八拍

  1—2 上体向前压腿。

  3—4 还原成预备动作4—。

  5—8 同1—4，唯8—时向外转体90°成身体侧45°肩对把杆，两手臂换位。

第二个八拍

  1—2 上体向侧压腿。

3—4　　　还原成预备动作4—。

5—8　　　同1—4。

第三个八拍

1—2　　　向外转体90°成身体侧45°背对把杆，双手叉腰。

3—4　　　支撑腿屈膝慢慢下蹲。

5—6　　　同1—2。

7—8　　　上体后仰。

第四个八拍同第二个八拍。

第五~八个八拍同第一~四个八拍，唯换腿做。

第二八拍1-2　　　　　3-4　　　　　8　　　第二个八拍1-2　　　3-4

第三个八拍1-2　　　　3-4　　　　　5-6　　　　　7-8

图2-57

第三章　形体扩展性训练

形体训练的内容涉及体操、舞蹈、音乐等，是一门综合性艺术。丰富多彩的练习内容及形体美的表达形式、舒展优美的姿态和矫健匀称的体型、集体练习中巧妙变换的队形展示了其强烈的艺术表现力和感染力。当同学们具备了基本的柔韧度和力量感以后，就可以进行一些扩展性的训练了。

第一节　有氧健身操

图3-1

看一看

　　基本介绍：有氧健身操——大众化的健身项目

　　适合人群：各年龄阶段需要消除体内多余脂肪的人群

　　纤体效果：★★★★★

　　塑身部位：身体各部位

健身操是一项有氧运动，也是一项大众健身项目。它的音乐节奏比较快、动感强、运动强度较大，动作简洁，易于掌握。对于提高锻炼者的心脏功能、运动技巧和塑造形体有着特殊的效果。

健身操是以塑造健美体型为重要目的而编排的，其动作姿态健美，动作多有重复，并以均匀对称的形式出现，讲究力度、幅度，运动负荷较大，因而消耗身体能量较大，利于消除体内多余的脂肪，又可以发展某些部位的肌肉，使人的形体按健美的标准得以塑造。此外，经常进行健美的形体动作训练，可以矫正不正确的身体姿态，培养大方端庄的体态，使练习者不仅在体型方面而且在举止风度方面都产生良好的变化。

为了不断满足健身操锻炼者的各种需求，目前，健身操的种类和练习形式呈多样化的趋势。除传统意义上的徒手健身操外，还出现了各种器械健身操和近年来出现的水中健身操，以及一些正在流行的特殊风格的健身操、如搏击健身操、拉丁健身操、健身街舞、瑜伽健身操等。

小资料

有氧健身操的锻炼原则

一、合理安排运动负荷原则

合理的运动负荷是保证锻炼效果的主要因素。运动时一般心率控制在最大心率（最大心率为220-练习者的实际年龄）的60%~80%，这样的运动强度最为合适。体弱多病者可适当降低运动负荷。一般情况下，自我感觉是调控运动量和运动强度的重要指标，如感到轻度呼吸急促、心跳较快、周身微热、面色微红、微微出汗，这些表明运动适量；如果有明显的心慌、气短、心口发热、头晕、大汗、疲惫不堪等现象，表明运动超限。如果你的运动始终保持在"面不改色心不跳"的程度，那就说明你的运动负荷未达到要求，也就不可能达到锻炼的预期目标。

二、循序渐进原则

遵循循序渐进的锻炼原则是保证锻炼有效性的前提。运动强度应从低强度向中等强度逐渐过渡，持续时间逐渐加长，运动次数由少增多，练习内容的难易度逐渐增加。以上这些因素都要在个人可适应的范围内缓慢递增，切不可急于求成。

三、持之以恒原则

坚持长时间持续、不间断地锻炼是保证锻炼效果的又一重要因素。因此，必须有计划、长时间地坚持锻炼。每次练习如果达到有氧锻炼的目的，必须进行不少于30分钟的不间断运动，也可延长至1~2小时，应根据个人体质情况而定。每周可进行3~5次，次数太少难以达到锻炼目的。

小资料

练习有氧健身操的注意事项

一、选择合理的锻炼时间

首先饥饿时不宜做剧烈运动。其次饭后短时间内也不宜做剧烈运动。再者，在睡前也不宜做剧烈运动。运动健身"时间"的把握：在一天当中，健身并不一定需要连续进行，适度间断的运动同样有益。重要的是，每天最少花费30分钟的时间来做运动。因为与你骨骼相连的肌肉有400多块，只有花费30分钟以上的时间才能使你的所有的肌肉都得到伸展或收缩。为了使你的锻炼效果不会迅速消失，在48~72小时后，你必须再次锻炼才能保持锻炼的效果。这就意味着至少每周锻炼3次（隔日一次）才能保证正常的健康水平。

二、科学选用锻炼内容

健身操练习的内容极为丰富，有徒手练习，也有轻器械练习；有节奏强烈的练习，也有节奏舒缓的练习；有以瘦身纤体为目的的练习，也有以健体塑形为目的的练习。总之，内容丰富，形式多样，练习者可根据自身的年龄、锻炼基础、兴趣爱好、练习条件等因素，结合锻炼的目的，选择锻炼的内容。一般情况下可固定1~2种锻炼的内容，切记不要一味追求时髦，经常更换练习内容，这样只能带来一时的兴趣而达不到锻炼的目的。

三、重视锻炼前的准备活动和锻炼后的整理活动

准备活动是人们进行锻炼前，为了使身体各器官系统从安静状态逐步过渡到运动状态，达到科学健身所做的准备性活动。通过准备活动练习，可使全身的肌肉、韧带、关节等得到充分的活动，使肌体尽快达到适宜的、协调的运动状态，避免或减轻运动时出现心慌、气喘、出冷汗、腹痛、动作变形等现象，以利于达到预期的锻炼效果。

准备活动要求轻松自如，由弱到强，根据各自的具体情况进行，不要强求。一般时间在15分钟左右，夏季稍短，冬季适当增加，以感到四肢关节灵活、身体轻松有力、全身微微出汗为宜。

整理活动是为了使身体从运动状态逐步过渡到安静状态，减轻运动可能造成的疲劳而进行的运动。主要包括一些放松活动和呼吸调节，一般以牵拉肌肉、拍打肢体、伸拉关节为主。我们必须重视整理与恢复，不能在已经疲劳的时候才考虑恢复问题。

温馨提示

健身操运动后，要及时更换汗湿的衣服，避免着凉，尤其是在空调房。

一、健身操基本步法

基本步法是健身操动作中最小的单位，是健身操练习的一个重要部分，通过基本步法的练习，能培养练习者的协调性、韵律感。健身操基本步法根据人体运动时对地面的冲击力大小分为低冲击步法、高冲击步法和无冲击步法三大类。

（一）低冲击步法
踏步：两脚依次抬起在原地交替落地，在下落时膝、踝关节有弹性地缓冲。（如图3-2）
走步：踏步移动身体。（如图3-3）
一字步：向前一步并腿，向后一步并腿。（如图3-4）

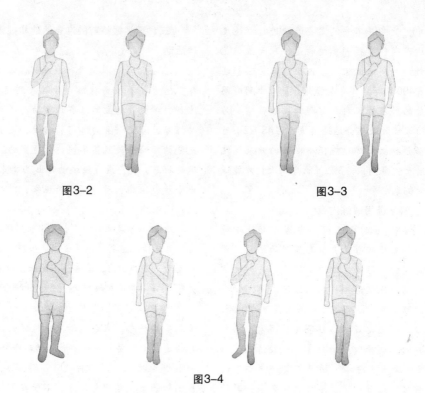

图3-2 图3-3

图3-4

漫　步：左脚向前踏一步，屈膝，右脚稍抬起然后落回原处，接着左脚再向后踏一步，右脚同样稍抬起然后落回原处。（如图3-5）

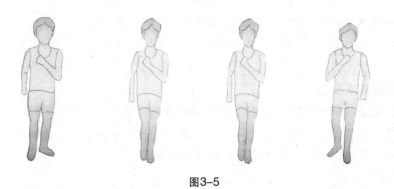

图3-5

并　步：左脚向左侧迈一步，右脚前脚掌并于左脚脚弓处，稍屈膝下蹲。（如图3-6）

交叉步：一腿向侧迈出，另一腿在其后交叉，稍屈膝，随之再向侧一步，另一脚并拢。（如图3-7）

图3-6

图3-7

点　地：一脚尖或脚跟触地，另一腿稍屈膝。（如图3-8）

图3-8

移重心：一脚向侧迈一步，经过屈膝重心移至一脚支撑，另一脚侧点地。（如图3-9）

图3-9　　　　　　　　　　　　　　　图3-10

后屈腿：一腿站立，另一腿后屈，然后还原。（如图3-10）

（二）高冲击步法

吸腿跳：一腿跳起，另一腿屈膝向上抬起。（如图3-11）

图3-11   图3-12   图3-13

弹踢腿跳：一腿跳起，另一腿先屈膝，然后向前下方弹直。（如图3-12）

跑：两腿依次经腾空落地，要求小腿向后屈膝折叠。（如图3-13）

图3-14

开合跳：由并腿跳成分腿，然后再跳回并腿。（如图3-14）

并步跳：一脚向侧迈一步同时跳起，另一脚迅速并拢成双脚落地。（如图3-15）

点　跳：一脚向侧小跳一次，另一脚随之并上垫步跳一次。（如图3-16）

图3-15

图3-16

（三）无冲击步法

弹　动：膝关节有弹性地屈伸。（如图3-17）

半　蹲：两腿分开或并拢，屈膝。（如图3-18）

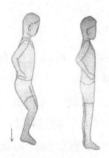

图3-17　　　　　　　　　　　图3-18

第二节　搏击健身操

图3-19

看一看

基本介绍：有氧搏击操——魅力四射，铿锵运动	纤体效果：★★★★★
	纤体部位：侧腰、腹部、大腿
适合人群：腰腹部脂肪堆积过多的年轻人	塑身部位：腰腹部

有氧搏击操要求健身者在伸展拳脚时强调速度和力度的完美结合，快速移动、迅速有力挥摆，大幅度伸展肢体，使得练习者消耗大量的能量，达到全面有效的塑身作用。尤其是练习时需要保持下肢灵活移动和腰腹肌的协调用力，所以对消耗腰腹和下肢部位的皮下脂肪有显著的效果。同时，有氧搏击操中的所有动作几乎都要求腹肌在有一定控制的基础上发力，因此，不但可增强腰腹部的力量，也可美化腰腹部的曲线，故有氧搏击操有着快速显著的健体塑身效果。

一、搏击健身操基本动作

以下介绍的基本动作经过不同顺序的搭配组合或变形，可以成为有氧搏击操的组合练习内容。当然，与音乐节奏的吻合以及步法连接的流畅也是"操化"的必要特性。

准备姿势：两腿前后开立，重心在前脚，后脚脚跟抬起，达到最大缓冲。下颌收紧向身体贴，在完成击拳和踢腿动作前眼睛一直看着目标。收紧腹部，增加肌肉的协调性，保持呼吸，不屏气。不出拳时，两手握拳置于脸的前方，保持防御姿势。（如图3-20）

1. 直拳：站立姿势，面向目标，下颌紧收。从腰部发力，到肩膀、到拳。手臂和肩部成一直线，控制肘关节周围肌群的收缩，不使关节过分强直。快速收回到预备姿势的手臂位置。（如图3-21）

2. 摆拳：站立姿势，面向目标，下颌紧收。从腰部发力，手臂和肩膀由弧形摆动同时稍伸肘，拳锋至虚拟目标。快速收回到预备姿势手臂位置。（如图3-22）

图3-20 图3-21 图3-22

3. 勾拳：左腿在前，重心在前脚，准备姿势。出拳时，从腰部发力，上臂、前臂保持夹角，拳由下向上击打，手臂通过身体的前方并尽可能地延长拳的路线，直至斜上

方。右手保持防御姿势。（如图3-23）

4. 顶膝：两腿开立，保持防御姿势。支撑腿稍屈，身体稍微向侧后仰。动力腿用力向前上方提膝，同时用力收腹，还原。（如图3-24）

图3-23 　　　　　　　　　　　　　　图3-24

5. 侧踹：两腿开立，与肩同宽。重心在右腿，目视坐侧目标。抬起左膝向身体靠，上身微向右倾斜。右脚脚跟转向目标（这一点很重要）。左腿向外蹬伸，勾脚尖朝下，用脚侧缘攻击至虚拟远端目标。右臂向外放，以保持平衡。动作完成，支撑腿转髋转脚跟，收回动力脚。（如图3-25）

图3-25

第三节　轻器械健身操

一、踏板操

看一看

> 　　基本介绍：踏板操——上上下下，健康　塑身的人群
> 快乐　　　　　　　　　　　　　　　　纤体效果：★★★
> 　　适合人群：需要对下肢、臀部进行消脂　塑身部位：腿部、臀部

温馨提示

> 如果没有踏板可利用台阶作为替代进行训练。

　　进行踏板练习时，身体的下半部分起主要的作用。臀部和腿部不仅负担着50千克左右的体重，而且在上下踏板的过程中要克服重力的作用。在这些运动中，大腿的股四头肌和臀部的臀大肌是主动用力的肌群，肌肉的主动收缩，加上长时间的有氧运动，能起到消耗腿部、臀部多余脂肪，突出肌肉线条的作用，对塑造健美的腿部和臀部有良好的帮助。踏板的常规尺寸为：长90~110厘米，宽35~40厘米，高8~10厘米。踏板的高度可调节，练习者根据自身条件、运动水平、踏板技术、膝关节的弯曲度和锻炼目的来增减垫板的高度，可逐步增加到高20~30厘米。高度越高，练习强度就越大。

　　踏板操的基本步法如下：

　　1. 单脚依次点板（如图3-26）

　　预备姿势：直立，双手叉腰，面向踏板。

　　动作做法：一脚点板一次，还原。

图3-26

　　2. 基本步（如图3-27）

　　预备姿势：直立，双手叉腰，面向踏板。

　　动作做法：两脚依次踏上板，再依次踏下板。

图3-27

3. V字步（如图3-28）

预备姿势：直立，双手叉腰，面向踏板。

动作做法：以右脚先做为例。右脚向右前方踏上板；左脚向左前方踏上板；然后两脚依次还原。

图3-28

4.正上点板、正下点地（如图3-29）

预备姿势：双手叉腰，面向踏板。

动作做法：以右脚先做为例。右脚踏上板，左脚上点板，左、右依次踏下板，右脚点地。

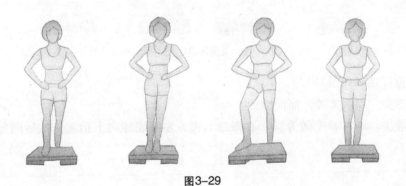

图3-29

5. 侧上点板、侧下点地（如图3-30）

预备姿势：双手叉腰，侧向踏板。

动作做法：以右脚先做为例。右脚向侧踏上板，左脚踏上板，脚尖点板，左右脚依次向侧踏下板，右脚点地。

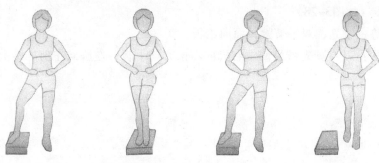

图3-30

6. 正上点板、侧下点地（如图3-31）

预备姿势：双手叉腰，面向踏板。

动作做法：以右脚做为例。右脚踏上板，左脚踏上板，脚尖点板，左、右依次向侧踏下板，右脚点地。

图3-31

7. 上板提膝（如图3-32）

预备姿势：双手叉腰，面向踏板。

动作做法：以右脚先做为例。右脚踏上板，左腿屈膝向上抬起，然后顺势依次踏下板。

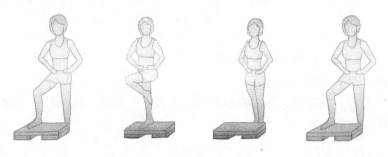

图3-32

8. 后屈膝（如图3-33）

预备姿势：双手叉腰，面向横板。

动作做法：以右脚先做为例。右脚踏上板，左腿后屈；然后左、右脚依次踏下板。

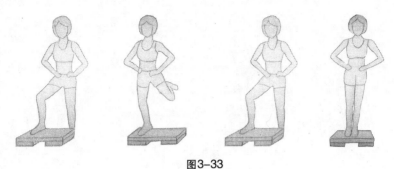

图3-33

9. 前踢腿（如图3-34）

预备姿势：双手叉腰，面向踏板。

动作做法：一脚踏上板，另一脚向前踢腿，然后顺势下板。

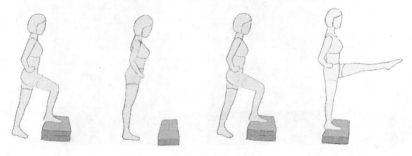

图3-34

10. 侧踢腿（如图3-35）

预备姿势：双手叉腰，面向踏板。

动作做法：一脚踏上板，另一脚向侧踢，然后顺势下板。

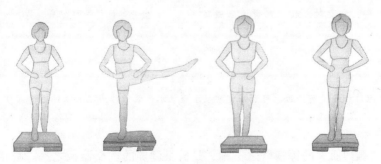

图3-35

11. 后踢脚（如图3-36）

预备姿势：双手叉腰，面向踏板。

动作做法：一脚踏上板，另一脚向后踢脚，然后顺势下板。

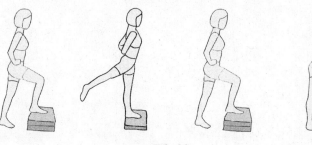

图3-36

二、哑铃操（如图3-37）

图3-37

看一看

> 　　基本介绍：哑铃操——力量健美，韵味　　进行塑身的人群
>
> 无穷　　　　　　　　　　　　　　　　　纤体效果：★★★
>
> 　　适合人群：需要对上肢、肩臂消除脂肪　　塑身部位：手臂、肩、胸部、背部

温馨提示

> 　　如在练习过程中没有哑铃，可利用空矿泉水瓶装水、装沙作为临时哑铃进行练习。

　　哑铃有"雕塑肌肉的锤凿"之美称，是健身健美的重要器械之一。哑铃配有各种色彩、各种重量（例如1千克、2千克等不同的重量），练习者可根据自身的情况选择不同重量的哑铃进行练习。

　　哑铃适合肌肉练习，练习简单易行，且见效快，特别是对上肢和腰腹肌肉练习有特别显著的功效。选择适当重量的哑铃，对各部位肌肉塑形有特别的效果。经常进行重量偏大的哑铃练习，可使肌肉结实，强壮肌纤维，增强肌力；采用较轻重量的哑铃练习，保持较长时间的锻炼，可起到促进脂肪燃烧、增强肌肉弹性、拉伸肌肉线条等作用，并有助于优质肌肉的形成。

1. 弓步上臂屈伸（如图3-38）

图3-38　　　　　　　　　　　　　　　　　图3-39

锻炼部位：肱二头肌、臀部、肱四头肌。

动作要领：

双手握哑铃，掌心向内。左脚向前迈出，并向下压呈弓步，左大腿与地面平行。在下压的同时翻转左手手掌，使掌心向上，同时将左手抬起，直至与肩高。

两腿伸直，身体抬起（不要向后迈步）。同时，左手放下，右手抬起与肩同两手各重复12次，然后换腿。每条腿重复2次。

2. 直立挺举（如图3-39）

锻炼部位：肩膀。

动作要领：

两脚分开与肩膀同宽，膝盖微微弯曲。双手握哑铃，垂于腿前，掌心向内。将哑铃提起，与胸同高，上臂与地面平行，然后放下至初始位置。

3. 背部提拉（如图3-40）

锻炼部位：上背部，肩膀。

图3-40　　　　　　　　　　　　　　　　　图3-41

动作要领：

两脚分开，与胯部同宽，膝盖微微弯曲。双手握哑铃，垂于身体两侧，掌心向内。身体从胯部开始前倾45°，保持背部挺直，手臂垂向地面。

肘部微微弯曲，将哑铃从侧面提起，直至感到肩胛骨中间有积压感。还原至初始位置。

4. 负重屈腹（如图3-41）

锻炼部位：腹部。

动作要领：

仰卧，右脚放在地面，左脚踝放在右膝上。双手握哑铃，掌心向上，双手靠近肩膀，肘部指向身体两侧。上身抬起，双肩离地，将右膝拉向胸部放下至初始位置，并重复。

注意：肩膀放松，不要低下巴。

小资料

有氧健身操与健身器械的运动对比

跳有氧操

增加心肺功能，以身体的协调性、灵活性锻炼为主，并有减少皮下脂肪的作用。对整体以及局部的瘦身纤体有非常良好的效果。

健身器械

是以局部肌肉锻炼为主，从各个角度锻炼你的身体，使皮下的脂肪转变为肌肉，从而塑造完美的身材。肌肉的新陈代谢能力比脂肪高20倍，而肌肉的体积只是脂肪的1/7，因而肌肉型的人长胖的机会更小！所以，器械锻炼对于塑造体形显得尤为重要。

第四节　街舞健身操

要问健身房里最热的健身项目是什么，恐怕大多数人都会回答：街舞。街舞为什么比其他运动项目更酷？胖人跟得上那快速的节奏吗？（如图3-42）

图3-42

看一看

> 基本介绍：街舞——最随意的减肥塑身
>
> 适合人群：喜爱欧美流行音乐，有一定
>
> 健美操基础
>
> 纤体效果：★★★
>
> 塑身部位：大腿、小腿

温馨提示

> 运动强度可根据对动作的掌握、对音乐的理解自行调节，可作为提高协调性的减脂运动，最重要的是调节心情、缓解压力，追求与众不同的感觉。

街舞（英文名字Hip Hop）最早起源于美国纽约，是爵士舞发展到20世纪90年代的产物，它的动作是由各种走、跑、跳以及头、颈、肩、上肢、躯干等关节的屈伸、转动、绕环、摆振、波浪形扭动等连贯组合而成的，各个动作都有其特定的健身效果，既注意了上肢与下肢、腹部与背部、头部与躯干动作的协调，又注意了组成各个环节的各部分独立运动（比如：一个上臂动作的完成是从手指、手掌、前臂直到上臂与肩部的各种活动的有机结合）。因此街舞不仅具有一般有氧运动改善心肺功能、减少脂肪、增强肌肉弹性、增强韧带柔韧性的功效，还具有协调人体各部位肌肉群、塑造优美体态、提高人体协调能力、陶冶美感的功能。

小资料

街舞只有年轻人能跳吗？

街舞在两个相邻的强拍动作之间的弱拍上，也增加了动作（有时甚至增加两个动作），这就使街舞的节奏比健身操快了许多。看到街舞那极强的节奏感，不少人都觉得它是年轻人的运动，担心自己学不了。其实，街舞对年龄的要求并不严格，在健身房里，既有8岁的小娃娃，也有快要退休的老大姐，谁都没有在动作上落后。街舞明显的瘦身效果对年龄较大、身体"发福"者吸引力更大，往往一堂课下来，大家一面抹着汗，一面说舒服。

街舞是怎样减肥的？

根据美国运动医学会建议，每周应运动3~5次、每次运动30~60分钟，减肥的效果才比较明显。在街舞锻炼过程中，随着时间的延长，脂肪的供能比例也在增大。如：在40分钟、90分钟、180分钟连续运动时，脂肪的供能分别占总耗能的27%、37%和50%，想达到更好的减肥效果，就应适当延长锻炼时间，并且持之以恒。

初练街舞应注意什么？

初步学习街舞时，切不可一下子就加大运动量，要循序渐进。通常是先做热身活动，将身体的各个关节、韧带，尤其是膝、踝关节要充分活动开，以免跳动时损伤；而后进入一定强度和时间的练习，最好不要少于30分钟；最后采用各种伸拉练习使身体放松。这样三个步骤才能取得较好的瘦身效果。

由于每个人的年龄、体能和健康状况不同，因此每个人的运动强度各不相同。"运动

强度"一般用"最大心率"表示，你应当这样
计算跳街舞时最适宜的心率：假如你今年25岁，
不常参加体育锻炼，体能一般，选择街舞为瘦
身运动项目，那么你的最大心率为220-25=
195，适宜你的运动强度（锻炼心率）应该是
(60%~75%)×195=117~146（次/分钟）。

1. 弹动技术

街舞的弹动技术主要表现在膝关节的弹动、踝关节的缓冲以及髋关节的屈伸。弹动技术不仅可以让你把握住街舞的动作特色，而且与动作的安全性息息相关。在街舞练习中，膝关节几乎很少伸得很直，多是在微屈或弹动的状态下完成动作的。例如在最基本的点地和提膝动作中，踝关节的缓冲和髋部的屈伸动作往往与之协调配合，使动作律动感很强，又松弛自然，对关节也起到了保护作用。

2. 控制技术

街舞的控制技术主要表现在肌肉的用力方式和用力顺序两方面，街舞的多数动作有很强的动感和力度美，为了表现这一特色，需要频繁地使用肌肉爆发力，有时某些动作会出现在音乐的弱拍上（一拍两动），这就需要动作速度很快，因此肌肉的紧张与松弛必须协调控制，才可以达到应有的动作效果。

3. 重心的移动和转换技术

街舞的重心移动技术主要表现在动作的方向变化上，通过前、后、左、右的移动，使身体运动的路线发生丰富的变化。街舞的重心移动技术主要靠左、右脚支撑的变化来实现，除了上肢和躯干的动作之外，这一技术动作占据了很大的比例，它使街舞动作具有律动感和技巧性，从而展现街舞的基本特色。

第五节　拉丁健身操

看一看（如图3-43）

　　基本介绍：拉丁健身操——拉丁乐里，
燃烧脂肪

　　适合人群：运动量少而腰围、臀围过大
的人群

　　纤体效果：★★★★

　　塑身部位：髋、腰、臀、大腿内侧

图3-43

温馨提示

> 最好选择鞋底柔软的运动鞋，全情投入跟随音乐扭动髋部和腰部，正常呼吸。

拉丁健身操来源于国标中的拉丁舞，但绝对不强调基本步伐，更确切地说，它是健身操的一种，强调能量消耗，对动作的细节要求不高，注重运动量和对髋、腰、胸、肩部关节的活动。拉丁操自由随意，热情奔放，节奏明显。它的锻炼侧重点在于腰和髋部，同时使大腿内侧得到充分锻炼。拉丁健身操的另一个特点是在热烈奔放的拉丁音乐中感受南美风情，同时在健身操中增加舞蹈元素，在锻炼之外更可自我享受。拉丁健身操要求百分之百的情绪投入，越是淋漓尽致地把拉丁的感觉发挥出来，就越能在音乐中释放情绪。燃烧激情的同时，也让你的脂肪一起燃烧。

有氧拉丁健美操以多关节运动为主，特别是增加了一般健身练习中较少练习到的髋部及腰腹部练习，故对提高髋部和腰部的灵活性和身体协调性有明显的作用。

1. 恰恰步（cha cha）

节奏形式：（1打2）即两拍三动的节奏形式。

动作描述：（以右脚为例）

1—：右脚向右迈出一步；打—：左脚并于右脚。

2—：右脚再向侧迈出。

恰恰步变化很多，可以向侧、向前、向后；可以并步完成，也可以交叉步完成。

2. 漫步（mambo）

节奏形式：（4拍）为均匀的节奏，没有切分节拍。

动作描述：（以右脚为例）

1—：右脚向前一步，左腿在后稍抬起。

2—：左脚落回原处。

3—：右脚再向后一步。

4—：左脚落回原处。

漫步可以向后、向侧或结合转体动作完成。

3. 桑巴步（samba）

节奏形式：（1打2）即两拍三动的节奏形式。

动作描述：（以右脚为例）

1—：右脚向侧一步；打—：左脚在右腿后点地（重心在左腿），同时右腿微屈膝抬起。

2—：右脚原地点地1次。

桑巴步也可用移动或连续多次的形式完成，整个动作过程伴有髋部左右摆动。

知识链接

有氧运动张弛有致

如果在半小时有氧运动中掌握好强弱节奏，那么你可以达到事半功倍的效果（即在高强度运动的间隔中加入平缓的恢复时间）。同样是半小时的有氧运动，这种节奏有强弱的运动要比节奏平稳的运动多消耗一倍的热量。美国加州州立大学运动机能系主任凯瑟琳·杰克逊博士指出："如果连续做高强度的运动，你很快会筋疲力尽，但是间歇的休息、恢复可以帮助你维持住这种高强度的水平。"

第六节　中国民族民间舞蹈

中国是一个具有五千年历史的文明古国。在漫漫历史长河中，流淌着璀璨而夺目的艺术类别，舞蹈便是其中一颗耀眼的明珠。不同地域的文化背景包含着不同的舞蹈特征，呈现出风格迥异的舞蹈形式。舞蹈既是人性的自然展现，也是社会生活和艺术升华的结晶。

由于各民族不同的生活环境、风土人情、历史进程、自然条件，形成了各民族舞蹈独特的风格特点。其特点是舞蹈自由活泼、歌曲通俗易懂，歌舞紧密结合，抒发情怀，所以为我国各族人民群众所喜爱。中国民间舞蹈大多使用道具，手绢、长绸、手鼓、单鼓、长鼓、花棍、花灯、花伞等，被舞蹈者巧妙地作为表演舞蹈的道具，使舞蹈动作更增强了动态之美。这不仅增强了舞蹈表现力，而且成为民族文化的一种标志。

一、藏族舞蹈（如图3-44）

青藏高原幅员辽阔，勤劳勇敢的藏族人民，能歌善舞，具有悠久的歌舞传统。藏族舞风格多种多样，如四川巴塘地区的弦子舞，它以优美、柔颤著称；青海的"依"（即弦子舞）却以低缓沉稳为特点；而牧区的"桌"（锅庄）与"果桌"又存在着极大的差别，前者奔放豪迈、剽悍粗犷，后者稳沉而豪爽。地区与地区之间的舞蹈风格上，它们存在差异，但却是同一文化的产物，具有同一文化的精神与气质，舞蹈也具有一致的规律性。

藏族舞蹈的动律是：膝部的颤动和屈伸是共同的规律，而在屈伸步法时，由重心的移动去带动上身，使上身有晃动感，手臂动作也随之而动，形成了其流动造型、流动美。藏族舞形式主要有"锅庄"、"弦子"、"果谐"、"堆谐"等，下面主要介绍"堆谐"（踢踏舞）与"谐"（弦子舞）。

知识链接

"堆谐"的特点：

"堆谐"（踢踏舞）节奏鲜明、轻快，情绪欢快，动作热情、奔放。舞蹈时脚的动作比较多，变化丰富，步法稳重、扎实，发出脚击地的节奏声响。上身与手的动作较少，舞时上

身动律有流动之感。

"谐"的特点：

"谐"（弦子）是优美、抒情的歌舞。动律优美、柔颤，长袖轻拂。多用撩袖、甩袖，动作圆润、流畅，舞姿舒展、细腻。

图3—44

（一）踢踏舞

基本步法：

（1）第一基本步：四拍一次。第一拍左脚抬起，同时右脚前脚掌抬起后迅速落下。第二拍左脚全脚踏地。第三拍右脚踏地一次。第四拍左脚踏地一下。然后右脚开始，依次连续进行。

（2）退踏步：两拍完成。第一拍前半拍右脚脚掌向后踏一小步，同时左脚自然抬起提膝离地，后半拍左脚踏地一次，同时右脚自然提膝离地。第二拍前半拍右脚向前全脚掌踏地，后半拍右脚右腿略提起，主力腿膝部松弛、颤动。

（3）抬踏步：两拍完成，右脚为例。第一拍前半拍右脚屈膝右脚离地，同时收回小腿，左脚"冈打"一次，后半拍右脚落地。第二拍前半拍左脚全脚踏地一次，后半拍休止。左脚动作时，动作与右脚相同，只是方向相反。

（4）连三步：两拍完成。第一拍前半拍右脚踏一步，后半拍左脚向前踏一步。第二拍右脚向前踏一步，同时左脚向左斜前自然擦地。

（5）七下退踏步：四拍完成。第一拍前半拍右前脚掌起、落一次，同时左脚自然提膝左脚抬起，后半拍左脚踏地。第二拍左脚开始，做法同第一拍。第三拍同第一拍。第四拍右脚踏地。

（6）滴答步：左丁字步准备。第一拍前半拍右脚掌翘起，右膝松弛、弯曲，重心下沉，同时左脚离地，后半拍左脚全脚远位落地，同时右脚掌拍地，两膝直起。依次重复进行。

（7）二三步：四拍完成。第一拍左脚踏地，第二拍右脚踏地。第三拍前半拍右脚踏地后半拍右脚踏地，第四拍左脚踏地。

（二）踢踏训练组合（2/4拍）

准备拍2拍：小八字步基础上右脚跺步两次。双手自然垂直于身体两侧。

第2小节：右脚退踏步两次，双臂前后甩动。

第3—4小节：七下退踏步，手随身体自然摆动或髋前划手。

第5—6小节：第5小节，右脚起交替跺步3次后左脚提膝，左脚起交替跺步3次后右脚提膝，第6小节重复1次。双臂前后交替摆动。

第7—8小节：第7小节前2拍右脚起抬踏步，后2拍左脚起抬踏步。双手经右抛袖即到左和经左抛袖到右。第8小节重复第7小节的动作。

第9—10小节：二三步，左脚起踏地后右脚接踏地，然后右脚起左脚右脚交替踏地。平面摆手右手从旁绕到胸前左手则从旁到后，然后交换。

第11—14小节：滴答步，双手从两旁起下绕到小腹前交叉，然后打开掌心向上慢慢抬起。重复一次。

第15—16小节：保持颤膝原地踏步，右、左、右、左。右手、左手经身体前后甩袖到旁展单提袖。原地踏步左、右、左，后一拍右脚提膝。左手、右手交替身体的前后甩袖。

第17—20小节：同上3、4、5、6小节一样。

第21—22小节：滴答步，双手从两旁起绕到小腹前交叉后打开掌心向上抬起。

结束时保持上身后靠，扬掌位姿势。

（三）弦子舞

1. 基本步法

（1）平步：两拍或一拍一步，原地或向前、向后抬腿时两膝弯曲，落地时两膝直立，动作时，脚与上身有向相反方向拉长的感觉。上身韵律晚于脚。

（2）拖步：四拍完成。重心在左脚，右脚向2点方向远跃掉落，左脚内侧拖地跟上。反复动作，接相反方向。

（3）单靠：小八字步准备。第一拍左脚向左拖一步。第二拍右脚拖步到左脚旁。动作时两脚屈伸同平步。

（4）长靠：四拍完成。左脚平步向左走三步（一拍一动，左、右、左），第四拍右脚跟到左脚旁点地。右脚开始时，动作同左脚相反。

（5）一步一撩：两拍完成。重心在右脚时，左脚原地后勾，左脚踏地后，重心到左脚，左脚屈，右脚原地后勾。

（6）三步一撩：四拍完成。右脚开始向前、旁、后都可以，走三个平步，第四拍时左脚提膝向前，同一步一撩。

2. 弦子训练组合

准备：小八字步，双手斜下位，身体对三方向。

第1—8小节：三步一撩，左脚起从三方向后移动。双手扶胯右脚撩步同时右手向后抛袖。右脚后退时左脚撩步左手向后抛袖。

第9—12小节：双手扶小腹前两侧，左脚先单靠一次，右脚接上单靠一次，一小节一次，共四次。身体随脚步摆动。

第13—16小节：右脚连靠向左自转一周（一拍一次），同时双手向右晃手，左手按掌位，右手侧平举，手心向上。身体略向后倾，看左斜前方。

第17—20小节：长靠步，左脚开始，一拍一步，两次完成，共做四次。左边走时，左手侧举，右手由下经左绕臂，第四拍向上甩袖。向右走时，动作与向左相反。

第21小节：单靠，左脚屈，右脚提起，右脚迈步，成直腿支撑。右腿屈，同时左脚原位吸起，左脚勾脚蹬落于右脚前丁字步，双膝同时伸直。双手随脚步的重心移动而摆动。

第22小节：双手打开侧平举。第一拍右脚抬起，第二拍右脚向右伸出勾脚，同时左膝稍屈，做行礼动作。

3. 练习提示

区别踢踏舞和弦子舞的风格。做踢踏动作时，动律表现为有节奏、有弹性连续性的膝部颤动。做弦子动作时，注重动作的柔美、舒缓和长袖轻拂的感觉，舞步的靠、撩、点、转动作与手臂的摆、甩、抛的动作配合自如。

小资料

舞台的方位就是当你站在舞台上时，你周围的角度。人们常说四面八方，你面向观众的正前方为1点，顺时针方向说，你的右手为3点，背对的是5点，左手为7点，这几个是单数，它的双数就是2、4、6、8点了，也就是顺时针方向的四个斜面。

二、蒙古族民间舞（如图3-45）

生活在辽阔的大草原上的蒙古族人民，有着勇敢、热情、直爽的性格，同时也创造了灿烂的草原文化。蒙古族舞蹈形式丰富，如"盅碗舞"、"筷子舞"、"摔跤舞"、"安代舞"等。蒙古族舞蹈热情奔放、节奏欢快，有粗犷、豪爽、质朴、庄重的风格特点。蒙古族民间舞的主要动作是"肩"和"腕"。"肩"：肩部动作很丰富，它是随着情绪而变化的，有节奏鲜明的硬肩，内在韧劲的柔肩，表达喜悦时的笑肩，还有耸肩、碎抖肩和圆肩。"腕"：舞蹈时手掌与腕平直，手腕上提、下压。

图3—45

（一）基本动作

1. 手型、叉腰

（1）手型：四指伸直、并拢，拇指稍翘起与四指略分开。五指在一个平面内形成掌形。

（2）叉腰：四指卷起，大拇指伸直，虎口张开，叉在腰部的前侧位。大拇指在后，拳在前。

2. 基本动作名称

（1）肩类：硬肩、双肩、绕肩、耸肩、笑肩、抖肩、甩肩。

（2）臂、腕类：柔臂、屈臂、绕臂。提压腕、绕腕、甩手、弹拨手。

（3）步法类：平部、迂回步、错步、跖步、青海步、摇篮步、轻骑、硬骑、踏点马步、吸跳马步、进退马步。

（二）蒙古族舞动作组合

准备，自然站立，七位手。

第1—4小节：对五地点，右脚迈步走圆场步，绕八字形。手臂由右臂带动做柔肩。两个小节结束后随着身体方向的转动，逐渐对一点同时换成左手带动下的柔臂。

第5—6小节：身体对1点位，迂回步：右脚迈步半脚尖拧转向右，左脚向右旁稍屈膝平步一大步，双手4位手，左手压腕，右手提腕，身体稍稍有点后仰倾斜。

第7—8小节：大踏步，左脚在前，右脚虚步。左手在上，右手在胸前，交替提压腕。

第9—10小节：跖步，右脚全脚向左行步，左脚在后丁字步位半脚尖跖步，起着迅速更换重心的作用。双手在四位顺腕。

第11—14小节：右脚立半脚掌向右横移一步，左脚紧跟右脚并步，右脚继续向右横移一步，左脚紧跟并步。双手上举位提压腕到三位手提压腕。右脚跨一步呈大弓步后撤回到左脚后踏步。右手三位左手四位做提压腕，身体随重心而晃动。上右脚跖步，双肩做硬肩动作并自转一圈。

第15—18小节：同上动作，方向相反。

第19—20小节：转体对5方向，平步，脚保持不勾不绷的自然脚形，右脚掌拖步向前，落地时保持开度25°。左脚向前迈步动作一样。平步时上身保持平稳。三位手基础上做抖肩。

第21—22小节：对1方向，右脚向前迈步，左脚抬腿控制，双手由二位抬到四位。交换脚上动作，双手仍然又二位抬到四位，重做一次。

第23—24小节：对2方向，左脚进退步，五位手姿势做提压腕。左脚吸腿跳，右手四位左手三位，左脚落在右脚前，右后踏步，双脚屈膝，七位手姿势抖肩，然后原地向右自转，对8方向右脚虚步前点地，左手四位右手三位。

第25—26小节：动作同23—24小节一样，方向相反。

第27—28小节：对1方向，退右脚，左脚虚步前点地，6位手柔臂，交换撤左脚后踏步，然后撤右脚，右脚后踏步。仍然6位手柔臂。对2方向，左脚上前，右脚后大踏步，双臂由前举到侧举柔臂。

温馨提示

> 蒙古族民间舞的肩、腕、步法为基本表现动作，动作时应注意风格特点。肩部的种类繁多，要区分不同的动感。要把开阔、爽朗、质朴的感觉跳出来。

三、东北秧歌（如图3-46）

东北秧歌是东北三省地区常见的民间舞蹈艺术。热烈、逗趣、诙谐、情绪欢快。东北秧歌包括东北高跷秧歌、二人转、地秧歌三个部分。东北秧歌以走相、稳相以及道具的使用呈现出独特的艺术特色。

手、臂的动作规律：绕巾是东北秧歌的典型动作，也是基础动作。秧歌需用的各种手巾花都是由绕巾而变化的。各种手巾花多呈弧线运动，男性在绕花时更强调臂和腕的抖动与甩、点的脆劲。

图3-46

（一）基本动作

1. 准备

（1）脚位：正步位、八字位、踢步位。

（2）手形：双手持巾。

（3）手位：单臂花、双臂花、交替花、蝴蝶花。

2. 上肢动作类：绕花、单臂花、双臂花、交替花、蝴蝶花、双花、五点花、缠花。

3. 步法类：前踢步、后踢步、旁踢步、跳踢步、跑场步、高跷步、顿步。

（二）东北秧歌动作组合

准备：正步位，双手自然位。

第1—2小节：走圆场步，按掌位，绕一圈后对1方向。

第3—4小节：上左脚，右脚后踏步，左手缠花到托掌位，右手按掌位，随着重心的前后移做腰部冲、靠的动作。

第5—6小节：上十字步，左脚迈步，右脚收腿上前，左脚退后1步加上侧身，右脚紧接撤后同样随方向侧身。前行时双臂花2次，后撤时上举位绕花，重复做一次。

第7—8小节：前踢步，右脚蹭地踢出15°，收回右脚，两腿同时屈膝，重心移到右脚。相反方向1次。踢步要快踢快回、慢移重心。双手绕扁担花。

第9—10小节：双脚踮立向右横移到左脚交叉前点虚步。双手由内胸前交叉上绕花到侧举位，反复1次。

第11—12小节：左脚起错步，往左绕一个圈。左手叉腰右手做单臂花。

第13—14小节：踮立自转两圈，左手上举位，左手侧举位。并脚上立旁腰托按掌位。

第15—16小节：跑场步，前行时需用脚掌蹭地走，落地时沉稳，向远出探出时，另一脚稍后踢。双手肩上和侧举位交替挽花。

第17—18小节：立半脚掌压脚跟4次，蝴蝶花。

第19—20小节：后踢步双臂花8次。

第21—22小节：前踢步，左脚前踢步时右手里挽花。右脚前踢步时里挽花。立前脚掌双手旁展翅花。

第23—24小节：左脚往左撤一步，双臂花往左，左转身对5方向，右撤一步往右，双手往右双臂花，双脚起踵顺风旗位挽花。

第25—26小节：同上方向相反，动作一样。

第27—28小节：右脚后起跳踢步，双手做蝴蝶花动作。

第29—30小节：双脚立前脚掌，前跑，双手胸前交叉后到展翅花。

第31—32小节：点转，甩手绢，右脚后踏步，左手托掌，右手按掌位。

练习提示

1. 了解东北秧歌的风格、动律及动作特点，体会俊俏的感觉。

2. 着重手巾花的练习，这是学习东北秧歌的第一环节。只有掌握手巾花的使用，才能更好地掌握整体动作。

第四章　身体发展不平衡及形态畸形的矫正训练

造成形体畸形的原因有三种：一种是外伤引起的，这种形体畸形严重的要进行手术矫正。第二种是疾病引起的，比如佝偻病，这种形体畸形需要先治疗疾病再进行形体矫正。第三种是因日常行为姿势不正确造成人力学失衡引起的。

青少年正处于成长发育时期，身体及意识形态方面可塑性很强。但是由于某些行为习惯不够良好，再加上缺乏科学系统的教学与训练，以致普遍存在营养过剩的肥胖症，甚至出现不同程度的身体畸形，如驼背、脊柱侧弯、罗圈腿、"X"型腿、"八"字脚等。

进行形体训练不仅能提高健康水平，而且对矫正身体的不良姿态有着特殊的功效。把有氧练习、肌肉练习和柔韧练习有机科学地结合起来不仅可以使畸形得以矫正，使人体形健美，同时对增强体质、促进身心全面发展具有重要意义。

小资料

健康的基础——拥有健康美丽的双腿

健康腿型的标准：腿要长直，自然站立双脚并拢时，大腿、膝关节、小腿和脚踝都能双侧接触，从侧面看没有明显的前倾或后仰。

自然站立时，如果双脚内踝能并拢，两膝之间留有较宽缝隙，就是O型腿。O型腿在医学上称为膝内翻，又称弓型腿，俗称"罗圈腿"。单侧膝内翻者，双腿形如"D"，称为D型腿。

膝外翻与膝内翻相反，自然站立时两膝能并拢，两脚内踝分离而不能并拢，双腿形如"X"，称为X型腿。单侧的膝外翻者，一侧小腿偏向外侧，双腿形如"K"，称为K型腿。

O型腿、X型腿、K型腿、D型腿者多在年轻时就出现膝关节骨质增生、疼痛及腰腿痛等，严重影响工作和日常生活，及早矫正非常必要。这不单纯是外表美观的问题，对一生的健康也会产生非常重要的影响。如果错过矫正时机，以后将再也无法矫正。

站立或行走时双侧脚尖偏向外侧，称为外八字；双侧脚尖偏向内侧者，称为内八字。这两种情况都会对脊柱的稳定性造成重要影响，引起腰腿酸痛等不适症状。

第一节 "一肩高一肩低"的矫正方法

有的人一肩高一肩低，非常影响形体美。造成两肩不平的原因一般是姿势不正确，如歪着身子写字、看书，长期用一肩背书包，长期一肩负重（如挑担，扛重物），长期用一手提重物（如提水桶等），使脊柱肌肉的紧张性不一致，导致脊柱向一侧弯曲，身体也随之向这一侧歪斜，从而出现了两肩不平的情况。（如图4-1）

图4-1

矫正一肩高一肩低可做以下练习：

1. 两臂侧平举，向内、向外交替环绕。开始时向外绕小环，然后绕中环，直到绕大环。这项锻炼可增加双肩、双臂肌肉群的力量。

2. 两臂侧屈，屈肘，向内和向外环绕，开始时绕小环，逐渐加大幅度，然后向前、向上、向后绕，由小渐大。

3. 两肩轮流上提。一肩提两次后再提另一肩两次。如此重复3~4次。

第二节 "溜肩"的矫正操

"溜肩"又叫垂肩，即两肩下垂，是指肩部与颈部的角度较大。严重影响学生的形体健美，因而必须予以矫正。（如图4-2）

正常男子颈部与肩部的角度在95°~110°，女子在100°~120°，如果男子或女子肩部与颈部的角度大于上述角度，就属于溜肩。要矫正溜肩，可以做以下锻炼：

1. 耸肩：站立或坐位，上体保持正直，两肩同时骤上提并坚持一段时间，然后放松。如此重复多次。如双手持一重物练习，效果更好。

2. 两臂侧上举：在耸肩的基础上，两手持适当重物侧上举，重复10次，每天早晚做两次。

3. 臂上举：两脚开立，与肩同宽，两手持适当重物侧上举，如此重复10次，每天早晚做两次。

4. 俯卧撑：俯卧于平地上练习俯卧撑，直到不能做为止，每天早晚练习两次。

此外，练单杠、双杠、吊环，做杠铃、哑铃、壶铃的头后上举，以及爬绳、爬竿、肋木上的悬垂、鞍马上的支撑摆动、游泳、划船、举重、投掷等运动，都有助于溜肩

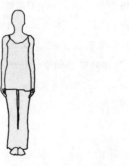

图4-2

的矫正。

溜肩的人日常生活中也要注意矫治。睡觉时要侧卧，枕头稍加高一点，走、站、坐时不要含胸，肩膀可微微端起。看书写字用的桌子不能过低。只要多加注意，并坚持矫正锻炼，溜肩就能矫正。

第三节 "驼背"的矫正方法

青少年的骨骼有机物成分较多，这样的骨骼韧性较好，具有较大的可塑性。若不注意坐立行走的姿势，平时行走时喜欢低头、含胸或挺腹，女同学出于害羞而有意识地含胸、低头，日久天长，会形成"驼背"。形成驼背的另一个原因是缺乏体育锻炼。

那么，如何纠正驼背呢？

1. 注意端正身体的姿势，平时不论站立、行走，胸部自然挺直，两肩向后自然舒展。坐时脊柱挺直。看书写字时不过分低头，更不要趴在桌上。人们所说的要"站如松，坐如钟"是有道理的。（如图4-3）

2. 正在发育的青少年最好睡硬板床，以使脊柱在睡眠时保持平直。

3. 加强体育锻炼。认真上好体育课，做好课间操，促进肌肉力量的发展。在全面锻炼的基础上做矫正体操。矫正体操有很多种，有各种形式的徒手操，有利用各种体育器械的矫正操。矫正驼背主要以增强背肌、挺直躯干和扩张胸廓为主。

下列练习也有助于矫正非生理性驼背：

1. 双手背后叉握，尽力上提到肩胛骨，用力顶住后背，头后仰。（如图4-4）

2. 仰卧，双臂体侧平放，上体挺起，成枕部与臀部撑地姿势。

3. 跪立，两手抓住脚跟，胸前挺，头后仰。

4. 俯卧，双手叉握放头后，两脚伸到柜子或其他物体的下面。上体和头部向后上方抬起，两肘同时张开上抬。

5. 坐在椅子上，双手叉握放头后，胸部用力向前挺，头后仰。

6. 仰卧，用头和脚支撑，做桥。（如图4-5）

图4-3

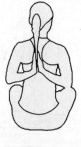
图4-4

图4-5

以上练习每天做2~3次，每节重复10~15次，练习的主要作用是加强背部和肩颈部肌肉力量，从而帮助保持正确姿势。

练一练

"突腹"的矫治

"突腹"俗称挺肚子，说明站立时身体重心后移，不利于健康。

1. 重物搬运

用重量不等的25个哑铃或杠铃片进行两地搬运。两地的距离为10米，每次两个往返。

2. 单杠摆体

在高单杠上做。悬垂于高单杠上；收腹举腿经体前向另一侧绕摆，做动作时要尽量放慢速度，以求最佳效果。左右各旋转5组，每组6~8次。

第四节 "脊柱侧弯"的矫正方法

脊柱是人体的中轴和支柱，是人体极其重要的结构，脊柱侧弯的矫正主要针对轻中度青少年特发性脊柱侧弯、短期发现的退行性脊柱侧弯，这些都是由于姿势不当引起的。可以做以下动作予以矫正：

1. 两脚大开立，腿伸直，一臂自然下垂，一臂侧上举，做体侧屈运动，振幅要逐渐加大。（如图4-6）

2. 两脚大开立，腿伸直，一手叉腰，一臂侧上举，向叉腰一侧做体侧屈运动，振幅要逐渐加大，也可一手叉腰，一手放于头上，向叉腰侧做体侧屈运动，两手同时推挤。

3. 靠近栏杆（或肋木）侧立，两脚并拢，一手握住栏杆（或肋木），一臂侧上举，向栏杆做体侧屈运动。

4. 侧卧，两手交叉枕在脑后托头，辅助者按住双脚（或用双脚钩住一固定物），上身抬起做体侧屈运动。

5. 盘坐，甩动两臂，左右回转上体。或两臂侧平举，回转上体。（如图4-7）

做以上五节操时，应针对脊柱侧弯的方向来确定动作方向。

图4-6

图4-7

第五节 "O"型腿的矫正方法

O型腿的形成原因，主要是人体结构力学失衡。主要表现是脊椎生理曲度的变化、骨盆的倾斜，髋关节、膝关节以及踝关节的角度和位置的相对不正常。因此所有O型腿的人或多或少都有驼背、胯宽、内八字、外八字、脊椎侧弯、长短腿的表象。（如图4-8）

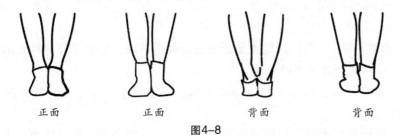

正面　　　　　正面　　　　　背面　　　　　背面

图4-8

人体结构力学的失衡都是后天姿势不当造成的，遗传的因素也有，通过后天的形体矫正是可以改变的。

1. 直立，两脚并拢，两手扶膝，做蹲下起立的屈伸运动，然后半蹲，左右交替做膝部回转运动。

2. 两脚开立，相距50厘米左右，两手扶膝半蹲，做两膝靠拢运动。

3. 直立，两脚平行，做提脚跟运动（提起放下）。然后以脚跟为轴，做脚尖外展内收运动，再以脚尖为轴，做脚尖外展内收运动。

4. 跪坐腿上，塌腰。两脚慢慢向外、向前移动，腰部随之渐渐直起。（如图4-9）

图4-9

5. 坐在椅子上，用两脚夹住书本，不使脱落，并坚持一定时间。这是增强两腿内侧韧带弹力的有效方法。如果在用脚夹书时用橡皮带把两膝捆住，效果更好。

小资料

○型腿的判断标准

双足跟、双足掌并拢，放松双腿直立，如两膝存在距离，就说明是O型腿了。一般根据常态膝距和主动膝距两个指标，判断O型腿的轻重程度。

所谓常态膝距，指的是直立时两足踝部靠拢、双腿和膝关节放松时，双膝关节内侧的距离。主动膝距，指的是直立时两足踝部靠拢、腿部和膝关节向内用力并拢，双膝关节内侧的距离。根据常态膝距和主动膝距的大小，O型腿分为轻度、中度和重度。

◆常态膝距在3厘米以下为轻度；

◆常态膝距在3厘米~10厘米之间的为中度；

◆常态膝距大于10厘米的属重度。

第六节 "X"型腿的矫正方法

与"O"型腿一样，"X"型腿也是骨骼发育畸形造成，矫正起来同样较困难。矫正健身操可作为一种辅助矫正手段。

1. 坐正，脚掌相合，两手扶膝，轻轻下压。注意脚掌不要分开，膝盖压到不能再压，坚持一段时间。

2. 坐正，两臂身后支撑，用橡皮圈套在脚腕上，两腿伸直抬起，两脚用力向左右分开。

以上运动每天做1~2次，每个动作都要认真准确，务必达到一定的运动量，才能收到较好的效果。

第七节 "八"字脚的矫正方法

"八"字脚，有外"八"字和内"八"字之分，走路两脚尖向内扣的，称之为内"八"字；走路两脚尖向外撇的，称之为外"八"字（较常见）。一般脚尖内扣或外撇不明显的，不叫"八"字脚。如果脚尖指的方向同前进方向之间的夹角超过40°，就会影响人体健美，需要矫治。

如何矫正"八"字脚呢？

首先，不要悲观，"八"字脚与"O"型腿或"X"型腿不同，后者属骨骼畸形。而"八"字脚完全是习惯问题，要想纠正并不难。纠正"八"字脚最根本的一条就是：走路时注意把脚摆正，其辅助练习如下：

1. 走直线。在地上画一直线，沿着线来回走，要求脚跟和脚掌的内沿踏在线上。

2. 纠正男孩的"八"字脚时，可用踢足球作辅助练习。纠正外"八"字用脚背外侧踢球，内"八"字用脚内侧踢球。

3. 纠正女孩的"八"字脚时，可用踢毽子。纠正外"八"字时用双脚内侧变换踢，纠正内"八"字则用脚外侧踢。

4. 以15米为半径画圆，再通过圆心画直径，直径两端各延长1米练习，站立在直径的延长线上起跑，接弯道加速跑至直径的另一端延长线上，然后沿圆弧线走半圆，如此反复，左脚外撇严重者按顺时针方向跑，右脚外撇严重者方向相反。这种训练方法比走直线效果快。

纠正"八"字脚要有恒心，因为养成一个好习惯不容易，改正"八"字脚是要与自己几年、十几年甚至几十年的走路习惯作斗争，没有坚持不懈的精神是不行的，所以上述练习要天天做。除去练习外，平时走路也要有意识地让自己按正确方法走，养成正确的步态习惯，使走姿更健美。

第五章　营养与运动饮食

人类跨入21世纪，对健康的要求也将上升到一个新的高度。世界卫生组织明确规定："健康不仅仅是没有疾病和身体虚弱，而且是一种在身体上、精神上和社会适应能力方面的完好状态。"近年来，世界卫生组织在世界保健宪章中，在对健康的概念作出具体阐述的同时，补充了衡量健康的10条标准。规律的体育活动加合理的营养是达到这些标准的最重要的保证。因为人的健康10%~15%取决于医疗保健，15%~20%来自于遗传，20%~25%依赖于环境，而生活方式和条件则占有了50%~55%。由此可见，规律运动加合理营养对健康是何等重要。

第一节　营养健康饮食

营养是人体不断从外界摄取食物，经过消化、吸收、代谢和利用食物中身体需要的物质（养分或养料）来维持生命活动的全过程，它是一种全面的生理过程，而不是专指某一种养分。食物中的养分，科学上称为营养素。它们是维持生命的物质基础，没有这些营养素，生命便无法维持。人体需要的营养素约有50种，归纳起来分为六大类，即蛋白质、脂类、碳水化合物、矿物质和微量元素、维生素、水。近年来，发现膳食纤维也是维持人体健康必不可少的物质，可算是第七类营养素。这些营养素在体内功能各不相同，概括起来可分为三方面：一是供给能量以满足人体生理活动和体力活动对能量的需要；二是作为建筑和修补身体组织的材料；三是在体内物质代谢中起调节作用。

人们的营养水平同他们的体形、精力、心理、生殖能力、生活的质量、寿命、疾病等密切相关。合理的营养来自于合理的饮食，即全面、平衡、适量的饮食。1997年修改制定的《中国居民膳食指南》，提出了合理膳食的八条要求，即（1）食物要多样，以谷类为主；（2）多吃蔬菜、水果和薯类；（3）常吃奶类、豆类及其制品；（4）经常吃适量鱼、禽、蛋、瘦肉，少吃肥肉和荤油；（5）食量与体力活动要平衡，保持适宜体重；（6）吃清淡少盐的膳食；（7）如饮酒应限量；（8）吃清洁卫生、没有变质的食物。大面积的营养学调查表明，我国居民有不少方面都未能达到这一合理饮食的要求。这将是新世纪营养水平改观的基本要求。

良好的营养、适当的锻炼和合理的作息是影响身心发育的三个重要因素。青春期体格发育极为迅猛，各个器官都在增大，脑、心、肝、肾等功能增强，加上学习紧张、活动量大，需要更多的热量和营养素。热量主要来自主食米、面和脂肪、蛋白质，因此学生应首先吃好三顿正餐。要多吃鱼、瘦肉、蛋、牛奶和豆制品等蛋白质丰富的食物，每日膳食中蛋白质的供给量约为80~90克。青少年代谢旺盛，骨骼生长快，肌肉组织细胞数量直线上升，要特别注意钙、磷、镁和维生素A、D的供给。大量组织的形成需要铁，供给不足则可发生贫血，此外，随着甲状腺机能加强需要更多的碘；体格发育和性器官的逐渐成熟都需要锌；维持正常代谢和生长，离不开充足维生素的供给。特别注意要吃好早餐。早餐应摄取一天热量的1/3，可吃一些营养丰富的鸡蛋、牛奶、花生和大豆等，有条件的还可供给一次课间加餐。

看一看

过半受访学生不吃早餐

某市疾控中心公布了全市最新一期学生营养状况调查结果。市健康教育所通过对全市3 235名大、中学生进行饮食状况调查发现，学生饮食整体不够健康，仅1/3的学生能保证每天食用新鲜水果和牛奶，过分喜爱路边摊高油脂食品和西式快餐。

调查显示，全市1.1%的初中生表示每周饮用碳酸饮料超过5次，10.2%的高中生表示每天要食用一次甜点，7.1%的高中生则表示每天食用甜点的次数超过两次。全市初、高中学生中每天食用一次及以上油炸食品者超过10%，有3.5%和3.2%的被调查初、高中生表示过去7天中每天都在路边摊就餐。

"长时间过多食用零食，甚至把零食当主食，添加剂中的色素、重金属等难免摄入超标，而且很难被排出体外。"市健康教育所学校卫生科的医师指出，吃路边摊的零食，安全隐患更多，其可能含有的细菌、病毒、尘螨以及铅、蜡、荧光剂等有毒有害物质一旦融入食物一并吃进胃里，对健康的危害可想而知。

被调查的大学生中超过半数以上表示从来不吃早餐，13.6%的大学生表示在过去7天中每天都食用西式快餐食品，仅有不到20%的大学生能每天食用新鲜水果。

——摘自长沙晚报

一、饮食得当利健康

健康是一种责任和使命。健康之路就是不断驱除不良习惯，建立良好的生活方式和饮食习惯的过程。健康需要学习，健康需要投资，健康需要呵护，健康需要行动。良好的饮食习惯让我们从一天中最重要的早餐开始。

1. 不吃早餐危害大

日前，中国学生营养与健康促进会等权威部门发布了《2009年中国儿童少年营养与健康报告》蓝皮书，称全世界1.55亿超重肥胖儿童少年中，每13个里面就有一个是中国"小胖墩"。不吃早餐、常吃西式快餐和身体活动量减少是我国儿童发生肥胖的主要因素。不吃早餐还易造成便秘、衰老等危害。

典型个案

上小学时，女孩安安就"挑三拣四"，说这难吃、那不好吃，常常空着肚子去上学。妈妈何女士没办法，只得每天在她书包里装上一盒牛奶，希望女儿在课间自己加餐。

上了初中，安安的早餐就更"失控"了。每天早上7点就要上学，她经常喝点"流质"就去了学校，饿得中午一回家就埋头大吃。何女士为了让女儿营养充分，中午免不了大鱼大肉、好菜不断。这种状况一直持续到安安初三毕业。

上了高中，每天被闹钟叫醒后的安安要"挣扎"半天才睡眼惺忪地从床上爬起来，纵使何女士费心煮好早餐，安安也是随便吃两口就走。更多时候安安不吃早饭就冲出家门，最多手里攥着一盒奶茶加一块面包、蛋糕或三明治，往往到了第一节下课后才能开始"解决"。

这也导致了安安的体形从初中开始就"横向发展"。看着同龄女孩日渐玲珑的身形，安安受了不小的打击。

专家介绍，安安的肥胖就是因为长期不吃早饭引发的。有调查发现，每天食用早餐的少年儿童肥胖率为11.5%，而每天不吃早餐的少年儿童肥胖率是17.8%。

由于早餐未吃，到了中午吃饭时，饭菜的色、香、味刺激中枢神经系统，表现出的是强烈的饥饿感，而且会觉得早餐没吃，午餐就应当多吃一些。在以上原因的驱动下，孩子会在不知不觉中吃下过量的食物，而且不吃早餐非常容易使人在午餐时偏爱吃煎炸食物，长此以往就导致了肥胖。

小资料

不吃早餐的四大罪过

不吃早餐容易发胖

根据营养学家的证实，早餐是每个人一天中最不容易转变成脂肪的一餐，不吃早餐对脂肪的消耗没太大帮助，人体一旦意识到营养匮乏，首先消耗的是碳水化合物和蛋白质，最后才是脂肪。更糟糕的是，不吃早餐还会使午餐吃得更多，造成身体消化吸收不及反而容易造成皮下脂肪堆积，影响形体。

不吃早餐容易便秘

在三餐定时情况下，人体内会自然产生胃结肠反射现象，有利身体排毒;反之若不吃早餐成习惯，就可能造成胃结肠反射作用失调，产生便秘。

不吃早餐容易变老

早餐提供的能量和营养素在全天能量和营养素的摄取中占有重要的地位，不吃早餐或早餐质量不高，人体只得动用体内储存的糖原和蛋白质，久而久之，会导致皮肤干燥、起皱和贫血等，加速人体的衰老，严重时还会造成营养缺乏症。

不吃早餐容易得病

不吃早餐，容易引发各种慢性疾病：胃长时间处于饥饿状态，容易造成胃炎、胃溃疡;早餐不足，午餐就会因饥饿而大量进食造成消化系统的负担，容易诱发肠胃疾病;不吃早餐会使血液中的血小板较容易粘聚在一起，从而增加心脏病发生的几率。不吃早餐还容易得胆囊胆管疾病，经常不吃早餐者由于空腹时间长，胆汁长期储存在胆囊内形成淤积，导致胆汁中的胆固醇在胆囊内沉积，逐渐形成结石。

2. 中学生平均每天选择食物的参考量

中学时期是体格和智力发育的关键时期，作为未来空乘服务人才，更应该高度重视自身的营养。但是，我国中小学生的生长发育状况和膳食营养摄入依然存在着不少的问题。从生长发育现状看，一方面，营养不良的患病率还有0.8%~11.7%，另一方面，体重超重和肥胖学生又有7.28%~8.15%。存在的这些问题源于热能、营养素摄入的失衡，膳食结构的不合理，饮食行为不良和营养学知识的缺乏。

中学生平均每天选择食物的参考量如下：

谷类及薯类：包括米饭、馒头、面条、玉米、红薯等500克

动物性食物：肉100克、鱼虾类25克、蛋50克

奶及奶制品：100克

豆类及豆制品：大豆及其制品150克

蔬菜和水果：水果100克、蔬菜300克

烹调用油：食用油15~25克

二、饮食得当助美丽

俗话说"吃在脸上"。这句话充分说明了"吃"是美容养颜过程中不可忽略的重要方面。皮肤养护要遵循以下原则：

1. 少食肉类食品和动物性脂肪。在一定条件下，肉类食品和动物性脂肪在体内分解过程中可产生诸多酸性物质，对皮肤和内脏均有强烈的刺激性，影响皮肤的正常代谢。皮肤粗糙，往往是血液中肌酸含量增高造成的。

2. 多吃植物性食物。植物性食物中富含防止皮肤粗糙的胱氨酸、色氨酸。可延缓皮肤衰老，改变皮肤粗糙现象。这类食物主要有：黑芝麻、小麦麸、油面筋、豆类及其制品、紫菜、西瓜子、葵花子、南瓜子和花生仁。

3. 注意蛋白质摄取均衡。蛋白质是人类必不可少的营养物质，一旦长期缺乏蛋白质，皮肤将失去弹性，粗糙干燥，使面容苍老。但肉类及鱼、虾、蟹等蛋白质食物过食，可引起过敏。

4. 多吃新鲜蔬菜和水果。肤色较深者，宜经常摄取萝卜、大白菜、竹笋、冬瓜及大豆制品等富含植物蛋白、叶酸和维生素C的食品；皮肤粗糙者，应多摄取富含维生素A、D的果蔬，如胡萝卜、藕、菠菜、黄豆芽等黄色、绿色蔬菜以及鸡蛋、牛奶、动物肝脏。同时还要摄取充足的维生素和足够的植物纤维素，以防止因便秘而带来的皮肤和脏器病变。

5. 少饮烈性酒。长期过量饮用烈性酒，能使皮肤干燥、粗糙、老化。少量饮用含酒

精的饮料，可促进血液循环，促进皮肤的新陈代谢，使皮肤产生弹性而更加滋润。

6. 适当饮水。正常的成年人每日应饮水2 000毫升左右。充足的水分供应，可延缓皮肤老化。

7. 少摄入使人肥胖的食物。肥胖是导致皮肤老化和病变的危险因素。但不可过分节食，以免皮肤失去活力。

温馨提示

让你越来越胖的3个坏习惯

快餐生活

想想看，你是不是常常难以按时用餐？

早晨没时间或者来不及吃早餐；中午经常以快餐果腹，进食速度很快，很少吃果蔬；偏爱刺激性食物，很少吃粗粮。如果是这样的话，那你就是不折不扣的"快"餐族。

营养学专家指出：人体需要全面均衡的多种营养元素才能保证机体的良性运转。健康是多方面的，不同的营养保障了我们不同方面的健康，蛋白质为我们的机体提供动力；维生素、微量元素能有效帮助我们提高免疫力，预防某些疾病；维生素B族、维生素C能促进能量代谢，提供充沛精力。众多的抗氧化营养元素能清除自由基，预防多种慢性疾病。

节食减肥

为了保持姣好的身段，你是不是尽量避免油脂、肉类食物，有些时候甚至禁食？或者服用减肥药物？虽然体重减轻了，体态日渐轻

盈，可同时精神也不大好了，时常困顿疲惫、无精打采，熊猫眼怎么也抹不掉，隔三差五小病痛时时来犯，让你应接不暇。这一切的"罪魁祸首"还是你减走的很多营养元素，尤其会是维生素A、D、E、K等脂溶性维生素的缺乏。长此以往造成机体免疫力的下降，影响健康。

偏爱肉食

绝大多数人天生好肉，厌食蔬菜。但是，这样的饮食习惯可能导致你缺乏许多营养物质。如果不吃绿叶蔬菜，就可能导致缺乏维生素A、维生素K、膳食纤维等多种能对抗各种疾病的植物营养成分。

补充多种维生素是一个选择，确保你补充的维生素有维生素A、B6、B12等。此外如果你爱吃某些水果和蔬菜的话，那么别犹豫，请多吃些吧。如果你不爱吃蔬菜，请吃一些膳食纤维类的营养品！千万记住：无论如何，讨厌蔬菜和水果都是没有理由的，尽量多吃一些吧！

三、15种可调整身材的食物

1. 紫菜

紫菜除了含有丰富的维生素A、B1及B2，最重要的就是它含有丰富的纤维素及矿物质，可以帮助排走身体内之废物及积聚的水分。

2. 芝麻

芝麻中含有的亚麻仁油酸可以去除附在血管内的胆固醇，令新陈代谢更好，减肥收腿就轻松得多。

3. 香蕉

香蕉虽然卡路里很高，但脂肪却很低，而且含有丰富的钾，又饱肚又低脂，可减少

脂肪在下身积聚。

4. 苹果

苹果含独有的苹果酸，可以加速代谢，减少下身的脂肪，而且它的含钙量比其他水果高，可减少令人下身水肿的盐分。

5. 红豆

红豆所含的石酸成分可以增加大肠的蠕动，促进排尿及减少便秘，从而清除下身脂肪。

6. 木瓜

木瓜有独特的蛋白分解酵素，可以清除因吃肉类而积聚在下身的脂肪，而且木瓜肉所含的果胶更是优良的洗肠剂，可减少废物在下身积聚。木瓜汁还可增强免疫力。

7. 西瓜

西瓜是生果中的利尿专家，多吃可减少留在身体中的多余水分，多吃也不会肥胖。

8. 蛋

蛋内的维他命B2有助去除脂肪，除此之外，它蕴含的烟酸及维他命B1可以去除下半身的肥肉。

9. 西柚

西柚含有的卡路里极低，多吃也不会肥胖，它亦含丰富的钾，有助减少下半身的脂肪和水分积聚。

10. 蒟蒻

蒟蒻完全不含脂肪又美味，它含有的丰富植物纤维更可以使下身的淋巴畅通，防止腿部发肿。

11. 菠菜

菠菜可以促进血液循环，可以令距离心脏最远的双腿都吸收到足够养分，平衡新陈代谢。

12. 西芹

西芹一方面含有大量的钙，可以补"脚骨力"，另一方面亦含有钾，可减少下半身的水分积聚。

13. 花生

花生含有极丰富的维生素B2和烟酸，一方面带来优质蛋白，长肉不长脂，其次亦可以消除下半身脂肪肥肉。

14. 奇异果

奇异果除了含有丰富的维生素C外，其纤维素亦十分丰富，可以增加分解脂肪的速度，避免腿部积聚过多的脂肪。

15. 西红柿

吃新鲜的西红柿可以利尿及去除腿部疲惫，减少水肿的问题。如果是生吃的话，效果更好。

第二节 日常自我健身方法

一、家庭室内健身的方法

1. 蜷缩起坐（或仰卧起坐）

单位时间里蜷缩起坐数量的多少是腹部肌肉弹性和耐久力好坏的标志。腹部肌肉强健，可避免脊椎下部疼痛，保持良好的体姿。做法是：仰卧，双臂交叉紧抱胸前，双腿屈膝抬起，脚后跟距臀部30厘米~40厘米，脚尖钩住家具底沿。上身上抬起坐，直至贴近大腿，头尽量前伸。要求在1分钟内不间断地尽力反复做。

2. 俯卧撑

俯卧撑可锻炼上肢、肩和胸部肌肉的力量与耐力。这些肌肉的协调发展，有利于保持良好的体姿，避免含胸、驼背。女子和十岁以下儿童可双膝着地、小腿翘起做，要求上体保持平直，双掌在肩下方撑地，掌距与肩同宽。然后做屈臂撑起练习。男子和十岁以上儿童动作相同，但应手掌和脚尖撑地，躯干保持平直。

3. 平坐前伸

这个动作可锻炼脊椎、髋部和腿部的柔韧性。良好的柔韧性有助于避免脊椎底部疼痛和腰背腿部损伤。做法是：坐在地上，双腿并拢前平伸，脚掌抵墙。双手前伸，尽力触摸墙壁。注意，膝盖不得弯曲，用力不能过猛，肌肉尽可能放松，持续5秒钟。

4. 3分钟踏跳

主要是锻炼心脏。踏跳的方法是：地上放一个小板凳或一捆报纸，高度约30厘米，右脚踏凳左脚踩地，左脚踏凳右脚踩地，交替进行。每分钟做24次，平均2~3秒完成一次（交替）动作。

二、时间安排

1. 准备活动（5~10分钟）

（1）以轻快的步子走3分钟。

（2）继续走2分钟以上，边走边加一些动作：双臂两侧大绕环；双臂上举，掌心朝上，十指交叉，以臂带动躯干左右摇摆；双臂侧举上不摆动（类似鸟飞行）；双臂带动上身左、右扭摆；猛烈抖动大臂和双手。

2. 心脏锻炼（10~30分钟）

（1）每星期做3次有氧运动，每次10~30分钟，时间长短可根据自己的身体状况酌定。锻炼方法如慢跑，三分钟踏跳等。

（2）大多数人喜欢用长跑、游泳、跳绳、骑自行车、跳舞、划船、打网球等进行有氧运动，这也是加强心脏功能的好办法。锻炼开始时，以低速率进行。最后达到30分钟。为了掌握心脏跳动的速率，在急促呼吸3分钟后稍停一下，用15秒钟记脉搏跳动次数，算出1分钟心跳次数，再继续运动。如果测出的数值过低，则应加快运动；若过高，则应适当降低运动速度。

3. 上身运动（5分钟）

为了改善腹部、肩部和上肢肌肉的性能，应按下述方法锻炼：

（1）蜷缩起坐。

（2）俯卧撑。

（3）后仰：屈膝坐地，两臂交叉叠抱胸前。上体后仰，使背与地面成45°角。保持姿势3秒钟或更长时间，直到肌肉酸痛、颤抖再还原，重复做。

（4）屈臂：站立，两腿略分开，双臂侧平举双手各持1磅重的物体，掌心向上。然后同时向内屈臂，使手中的物体触肩，反复做。

这4个动作不一定做完一个再做另一个，可以把每个动作拆开，组成若干小循环，如4次蜷缩起坐、4次俯卧撑、4次后仰、4次屈臂为一个循环。小循环练习可从每次1遍逐渐增加到每次8遍以上。锻炼次数从每周1次逐渐增至每周3次。

小循环中每个动作的次数也不要规定得过死。比如，开始阶段可能3个蜷缩起坐和俯卧撑也做不下来，不妨把后仰和屈臂的次数适当增加，以作补充。

4. 放松运动（5分钟）

为了防止肌肉和神经因过度紧张而出现酸痛、头晕目眩等现象，训练结束时应做放松运动。

（1）慢走2分钟，交替晃动双臂，尽可能放松。

（2）用3分钟时间做柔性练习：平坐前伸；屈坐抱小腿，类似平坐前伸，不同的是右腿内屈，足跟贴近腹股沟，然后用双手仰推左小腿，上身尽可能下伏；持续几秒钟后，换左腿做相同动作。

（3）伸展肩部：盘腿坐地，双臂平举，尽量后伸。

（4）背钩手：左臂从肩上后屈，右臂从肩下后屈，两手指尖在背部相钩，保持一会儿。再左右臂交替，反方向做相同动作。

三、社区健身器材的使用

1. 扭腰器（如图5-1）

主要功能：锻炼腰、髋部位，增强腰部的灵活性和柔韧性。

锻炼方法：双手握扶手、双位站坐式（三位站式）向左右转动。

注意事项：运动时速度不宜过快，双手不要离开扶手。

2. 健骑机（如图5-2）

主要功能：活动全身关节与肌肉，增强心肺功能。

锻炼方法：两手握把，两脚放在踏板上，依靠自身重量，通过拉、蹬、放来完成各种动作。

注意事项：拉起时身体及头颈部尽量向后仰，可达到锻炼腰椎、颈椎的目的，放下时尽可能收腹，可达到锻炼腹部的目的。

图5-1   图5-2

3. 三位漫步机（如图5-3）

主要功能：锻炼下肢肌肉力量、灵活性，促进心血管系统及心肺呼吸系统的健康。

锻炼方法：双手握把，脚分开踏于左右踏板上，两脚前后交替自然摆动进行锻炼。

注意事项：在运动时双腿摆动速度不宜过快，双手不要离开扶手。

4. 弹振压腿（如图5-4）

主要功能：拉伸腿部韧带、伸展腰部，消除下肢和腰部疲劳。

锻炼方法：单脚站立，将另一条腿伸直放于杠上，双手向前拉杠或脚尖，身体随之向前伸展，两腿交替锻炼。

注意事项：患有腰椎病的人不宜使用。锻炼时幅度应适宜，以免拉伤。

图5-3   图5-4

5. 按摩器（腿部）（如图5-5）

主要功能：按摩腿部，舒筋活血，缓解腿部疲劳。

锻炼方法：根据自己身高选择按摩高度，将腿跪在按摩套上，来回拖拉腿部。

6. 伸腰架（如图5-6）

主要功能：锻炼背部肌肉，增强腰部柔韧。

锻炼方法：双手握住训练器两侧扶手，腰部向后靠在其弯曲板上，身体尽量向后做伸展运动。

注意事项：腰向后靠板时速度不宜过快，以免撞击受伤。

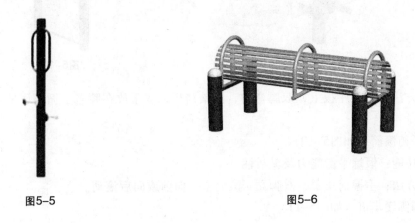

图5-5　　　　　　　　　　　　　图5-6

7. 坐蹬器（如图5-7）

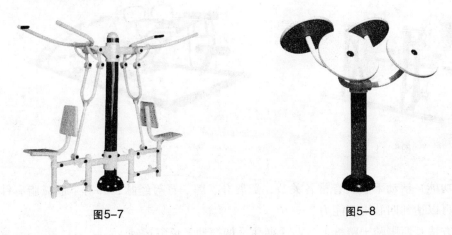

图5-7　　　　　　　　　　　　　图5-8

锻炼方法：坐在机械上，脚蹬踏板用力伸直腿，然后缓慢还原。

注意事项：背要靠紧靠背，把力量集中在腿部。

8. 四位太极揉推盘（如图5-8）

主要功能：增强肩肘髋膝等部位的活动能力。适于老年人。

锻炼方法：双脚呈马步，双手按压转轮表面，向相同或相反方向转动。

9. 双人坐蹬（如图5-9）

主要功能：锻炼大腿肌肉，增强腰部肌肉。

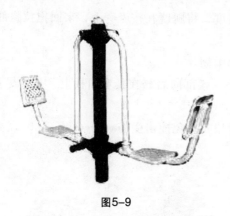

图5-9 图5-10

锻炼方法：坐在座板上，双脚弯曲，脚踏踏板，双手放在膝盖上循环屈伸双脚进行训练。

10. 平衡滚筒（如图5-10）

主要功能：锻炼平衡能力及灵活性。

锻炼方法：手握前扶手，双脚立于滚筒上，向前或向后滚动。

11. 椭圆漫步机（如图5-11）

图5-11 图5-12

主要功能：活动下肢及脊椎各关节，舒展肝、脾、肾等经脉，并对下肢减脂有针对性效果，可以达到四肢协调能力。

锻炼方法：两脚踏于踏板上，两手握住手柄摆动，反复运动。

12. 仰卧起坐器（如图5-12）

主要功能：锻炼上臂、胸、腹部的肌肉力量。

锻炼方法：仰卧于弧形架上，背部与弧形架相吻合，手握两侧扶手，起坐身体向前倾，然后返回原位为一次。

13. 天梯（如图5-13）

主要功能：增强上肢的耐力和灵活性。

锻炼方法：（1）屈臂悬垂：双手握横杠，向上至肘成直角悬垂。

图5-13

图5-14

（2）以手代步：双手握杠交替前行。

14. 跑步机（如图5-14）

主要功能：锻炼腿部肌肉，增强心肺功能。

锻炼方法：双手握紧扶手，两脚踩在滚子上做跑步运动。

注意事项：（1）锻炼时，双手必须握紧扶手，根据身体状况，掌握跑步快、慢节奏变化。

（2）不具备独立操作能力的人或儿童锻炼时，必须有成人保护。

15. 平步机（如图5-15）

图5-15

图5-16

主要功能：锻炼身体协调能力和下肢力量。

锻炼方法：双手握把手，双脚站在脚踏板中间位置，两脚前后交替自然摆动，进行滑行动作。

16. 梅花桩（如图5-16）

主要功能：锻炼全身灵活性、柔韧性和平衡能力。

锻炼方法：左脚或右脚顺时针或逆时针行走一圈为一次。

17. 下腰训练器（如图5-17）

主要功能：锻炼腰腹肌肉，增强腰部柔韧性。

锻炼方法：身体平躺在下腰训练器平台上，身体向后做伸展运动，使腰部与下腰训练器凸曲板吻合，然后收腹，进行仰卧起坐运动。

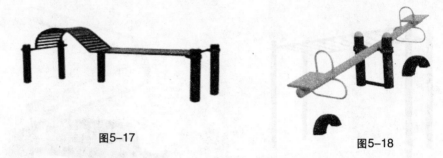

图5-17

图5-18

18. 跷跷板（如图5-18）

主要功能：锻炼身体协调能力、平衡能力。

锻炼方法：两人分坐于跷跷板两端坐板上，两手握把手进行运动。

19. 跑跳横木（如图5-19）

图5-19

图5-20

主要功能：锻炼身体的平衡能力、跳跃能力，增强娱乐性。

锻炼方法：在横梁上进行自然行走、倒走、左右跳跃、以训练平衡感。

20. 转腰器（如图5-20）

主要功能：提高腰腹肌肉的柔韧性。

锻炼方法：手握上把手或侧把手，向左右反复做转体运动。

参考文献

1. 陈学文. 形体训练教程. 重庆：重庆大学出版社，2010
2. 刘玉贤. 形体训练. 北京：中国物资出版社，2006